OCHO SENDEROS
HACIA LA
LIBERTAD

MILLENIUM

Ocho senderos hacia la libertad
primera edición, octubre de 2012

D. R. © 2012, Salvador BADILLO
      Derechos gestionados a través de Zarana Agencia Literaria
D. R. © 2012, EDICIONES B MÉXICO, S.A. de C.V.
      Bradley 52, Anzures DF-11590, México
      www.edicionesb.mx
      editorial@edicionesb.com

ISBN: 978-607-480-377-8

Impreso en México | *Printed in Mexico*

SALVADOR BADILLO

OCHO SENDEROS
HACIA LA
LIBERTAD

VERGARA

BARCELONA · MÉXICO · BOGOTÁ · BUENOS AIRES · CARACAS
MADRID · MIAMI · MONTEVIDEO · SANTIAGO DE CHILE

Para Patricia, por su luz

A Joaquim Rossich,
por su bondad y la amistad profunda

Prólogo

Bajo un cielo puro y magnífico, en una noche silenciosa salpicada con más estrellas de las que mis ojos pueden captar, en el desierto de Atacama, donde se terminó el libro de mi amigo.

Bajo esta inmensidad plagada de diamantes estelares una se siente tan insignificante, que es inevitable un sutil impulso hacia la humildad, así como a poner tu vida en perspectiva, y entonces admites lo que tan clara y contundentemente se explica en este libro: que la vida es un camino.

Un camino complicado, duro y enrevesado a veces, y uno con enorme potencial para el crecimiento y la sabiduría. En ocasiones triste y amargo, en otras alegre y fabuloso, y sobre todo enriquecedor cuando se le da un sentido más allá del mero hecho de sobrevivir.

Los ocho senderos constituyen ocho señales en esa ruta vital que nos recuerda lo verdaderamente importante, lo esencial al otro lado del victimismo reinante en el que la única solución que se percibe es que a uno lo rescaten de su hundimiento y desazón. Los ocho senderos nos muestran que los reveses y el dolor pueden sernos útiles si sabemos aprovecharlos, y también que la verdadera vida es la vivida desde la integridad, la responsabilidad, la bondad, la serenidad y la paciencia. El resto son sucedáneos que jamás nos aportarán plenitud alguna.

Con una guía tan inspiradora, llevarlo a la práctica resulta un poquito más fácil...

MÓNICA L. ESGUEVA

Chile, diciembre 2011

Introducción

Soñaba muchas veces con la posibilidad de encontrar a un venerable anciano, curtido en mil circunstancias y maestro de artes marciales que, como en una película, me enseñara y mostrara el camino hacia la sabiduría. Admito que estaba inmerso en fantasías y mitos orientales que había visto, tan joven e inexperto, en televisión y en el cine. Idealicé un modelo y mi deseo, en los momentos más negativos, era el de encontrar a mi propio señor Miyagi. Y es que, hace más años de los que me gusta tener que admitir, comencé a practicar artes marciales. Lo hice obligado por las circunstancias. No me atraían al principio, me producían una sensación de miedo. Pero el tiempo, sabio maestro y juez, hace que todo acabe encajando. Nos aporta una lógica y una perspectiva en la que comprendemos cómo se unen las circunstancias dando consistencia a hechos aparentemente distantes y distintos.

Practicar artes marciales me ha conducido a amar estas disciplinas y todo el conocimiento, filosofía y espiritualidad inherentes a las mismas: los códigos de conducta, el respeto, el coraje y el sacrificio.

Nunca encontré a ese venerable anciano, a ese «maestro», al menos en forma física y definida.

Sin duda he aprendido de muchas personas, tanto de los que se consideraban maestros como —y con más frecuencia—, de personas humildes y que se sentían eternos aprendices. Pero lo más importante, como iremos viendo, es que he tenido al mejor maestro y guía: mi propio corazón y mi conciencia. Esa vocecita interior que nos dice que hay que seguir adelante y que se nutre de las experiencias, sobre todo de las que nos causan dolor.

Los conocimientos que hoy poseo son fruto de mucho trabajo, horas de estudio y de mi experiencia profesional. Pero sobre todo, son producto de los fracasos que he ido cosechando. Para expresarlo mejor: son el beneficio de cómo he aprovechado las lecciones que los errores me ofrecían.

Aunque cuando yo empecé a aprender y practicar, allá por el verano de 1988, no era aún muy habitual adiestrarse en disciplinas marciales, persistí al notar sus efectos benéficos sobre mi cuerpo y mente. Me aportaron referencias claras. Me han ayudado a ser más feliz, a sentirme satisfecho y afortunado con mi vida.

Hoy en día imparto clases a todo tipo de públicos. He dado clases en universidades y administraciones públicas. Ocasionalmente entreno en Técnicas Operativas, Intervención y Extracción a algún agente que trabaja en grupos especiales de investigación contra el crimen organizado.

Aún me cuesta trabajo comprender que he llegado a este punto en el que he cumplido buena parte de mis sueños. Me siento ignorante y pequeño y, sobre todo, agradecido. En 2011 publiqué, además, mi libro *Bendito Karma* en España y *Buen Karma*, la versión para Estados Unidos y Latinoamérica. Hasta aquí parece que he sido bendecido por la siempre caprichosa diosa Fortuna con todo tipo de favores —miel sobre hojuelas—, pero es necesario admitir que ha sido más complicado y más profundo que eso.

Nací en el seno de una familia donde, mi padre, ejerció de forma inmisericorde toda clase de maltratos físicos y psicológicos. Tuvo especial inclinación en hacer que me la pasara mal, aunque lógicamente, el daño lo ocasionó a toda la familia.

No soy único, en absoluto. Muchas personas han vivido y sufrido situaciones parecidas. Albergan en su interior sentimientos similares a los que yo he sentido o siento. Pero solo puedo hablar de mí, desde mí, porque cada persona es un mundo. Me he equivocado mucho. He sido injusto con mis semejantes. Me he caído, me he vuelto a levantar. He dañado por ignorancia, orgullo y avaricia y he sido dañado también por esas mismas causas.

Tratamos de aprender a vivir de la mejor manera posible, haciendo el bien a nuestros semejantes, aunque cargamos demasiado a menudo con pesadas culpas y punzantes remordimientos. También, y debido a esto, soportamos el peso extra de una mochila llena de resentimientos y sospechas.

Algunos vamos superando con éxito algunas pruebas, después de haber buscado frecuentemente culpables externos para nuestras desgracias.

En cualquier caso, si estamos aquí juntos, tú y yo, es porque estamos en el camino. Estamos avanzando por la senda del buen vivir. Aprendemos el arte del autoliderazgo. Por eso, como compañero de camino, quiero compartir una vivencia contigo. Una batalla de esas que nos aportan experiencia y de la que, al menos yo, extraje una valiosa lección.

Volvía del instituto cuando empezó a llover con cierta intensidad. En el camino a casa, tenía que pasar por la plaza del ayuntamiento de la población en la que residía con mi familia. El caso es que hacía muy poco tiempo que habían remodelado la plaza, haciéndola mucho más atractiva. Revestieran el suelo, anteriormente de asfalto, con piedra pulida, dejándola bastante bonita y, por lo que pude comprobar, resbaladiza.

Empezó a llover y yo comencé a correr con la vana intención de llegar antes a casa, no para no mojarme, puesto que eso ya era inevitable, sino en previsión de, si llovía aún con más fuerza, no acabar mojado hasta el tuétano de los huesos.

Puesto que la lluvia arreciaba, las personas que estaban por la plaza en aquel momento decidieron, sabiamente, cobijarse bajo los pórticos del ayuntamiento. Yo no. Yo decidí que era mejor correr. Aún puedo recordar en cámara lenta cómo mis zapatos perdieron adherencia a las «preciosas», pero tal vez demasiado lisas, piedras del nuevo revestimiento de la plaza. También recuerdo cómo, ya en el aire, observé también en cámara lenta cómo «todo» el mundo me miraba. Lo siguiente fue la caída. Pero el dolor físico no era lo peor: todo el mundo se partía de risa, excepto una voz que no tardó en exclamar con un sincero tono de preocupación efímera: «Dios mío, pobre chico».

Llegué a casa mojado; más que mojado, empapado. Pero lo peor era la sensación de vergüenza y ridículo que me acompañaba aparte del tremendo dolor en el trasero.

Durante la noche no dejó de venir esa imagen a mi cabeza e imaginaba las caras de la gente riéndose de mí. Me mortificaba pensando que ya nunca más podría volver a salir a la calle sin sentir vergüenza.

Al día siguiente, un sábado, mi madre me encargó ir a comprar el pan y, ¿a que no lo adivinas?: la panadería estaba en la plaza del ayuntamiento, donde hacía menos de doce horas, don Salvador Badillo había dado el espectáculo cómico de la tarde. Don Salvador Badillo y su ego herido salieron de casa y llegaron a la panadería donde reconoció algunos de los rostros que la tarde anterior había recriminado silenciosamente y con lágrimas en los ojos, que no pararan de reír y que no se preocuparan por si se había hecho daño. Entre ellos el de la panadera.

Aguardaba en la fila a que tocara mi turno, ruborizado, pensando que, probablemente, en cuanto aquella panadera reconociera mi cara, iba a volver a reírse. Incluso era probable, pensé, que no llegara a reírse directamente, tal vez lo hiciera al marcharme. Mientras estaba en la fila y conforme mi momento de encuentro con la panadera se iba acercando, también pensé que podría ser que, arrepentida por su desconsideración de la tarde anterior al reírse de mi accidente, me preguntaría si me había hecho daño y me mostraría un poco de preocupación y compasión, disculpándose por lo que había hecho. Finalmente llegó mi turno pero ella no me tomó en cuenta.

Volví a casa confundido. ¿Cómo podía no acordarse de mi cara?, ¿cómo podía haberse olvidado del chico que se había caído de forma estrepitosa en medio de la plaza?

Durante el trayecto de vuelta coincidí con varias personas a las que creí ubicar en el momento y zona de mi catástrofe personal. Nadie me dedicó una mirada, mucho menos una risilla despectiva o algo por el estilo. Nada. Había estado sufriendo durante muchas horas, mortificado por la vergüenza y la ira, sintiéndome el centro del universo, el tema de conversación central del pueblo por completo. Incluso, en mi delirio, llegué a considerar como en una pesadilla que, en el periódico se hicieran eco de la noticia graciosa del día anterior: «Don Salvador Badillo se pegó ayer el gran lamento en la plaza delante de medio pueblo, para mofa de todos los parroquianos».

De ahí extraje un gran aprendizaje que ya nunca me abandonaría, y que con el tiempo he ido desarrollando: Tú eres quien más recuerda las cosas que has hecho o que te han ocurrido y que te producen culpa o vergüenza. Los demás tienen vidas propias y no eres el centro de sus universos. Después, muchos años después, conocí que esto tiene un nombre «científico»: El efecto de reflector.

Aprendí con esto a extraer lecciones de las situaciones que vivía y a que, si cometemos un error, éste perdura más tiempo en nuestras mentes que en las de los demás.

Pocos años después viví una experiencia mucho más devastadora:

Mi hermano y yo hacía algún tiempo que convivíamos solos en casa. Habíamos preparado un espacio para ejercitarnos los días que no podíamos acceder al gimnasio. Un domingo por la mañana, tras practicar durante un rato algunas técnicas, procedimos a acabar la clase con los saludos ceremoniales. Cuando ambos nos saludamos, mi hermano me dijo: «Salva, prométeme que nunca dejarás de aprender y practicar Aikido. Tú eres mi maestro y estás destinado a enseñar. Tu estilo es único, no lo pierdas jamás».

Javi, mi hermano, era sepultado una semana después a la edad de diecisiete años.

Me invadió un sentimiento de injusticia tremendo, pero, por otro lado, sentí el peso de las palabras de mi hermano: «Estás destinado a enseñar».

Busqué, ante todo, respuestas para lo que me había pasado. Buscaba una explicación a tanta injusticia y fue una búsqueda inútil. Pedí ayuda, y por más que pedía, nadie parecía hacerme caso; nadie parecía tener las respuestas que yo necesitaba, la guía y el consuelo para mi alma. No encontré, probablemente tampoco supe buscar, un guía, un maestro o maestra, un mentor... Estaba solo y tenía que encontrar la guía en los latidos de mi corazón.

Empecé mi largo camino.

Durante todos los procesos, dolorosos o placenteros, que la vida me ha ido poniendo delante, he tenido la necesidad de estudiar y profundizar en diferentes filosofías y disciplinas que me han ayudado a configurar una respuesta adecuada a cada situación, así como una serie de técnicas para no pasarme la vida reaccionando demasiado tarde, sino, más bien, para anticiparme y tratar de generar las situaciones agradables y provechosas que deseaba.

No ha sido un camino fácil para mí. No he encontrado durante estos procesos píldoras azucaradas ni mágicas que me hicieran el camino sencillo. Pero lo que aquí vamos a compartir son las bases desde las cuales he construido una vida con sentido y provecho, a pesar de todas las adversidades.

Aunque mi aprendizaje y experiencia personal ha ocurrido de forma bastante desorganizada y me ha llevado bastante tiempo, voy a compartir contigo en forma de «ocho senderos», las lecciones provechosas y que más me han ayudado a autoliderarme. Son coordenadas vitales, puntos de referencia para tener siempre la perspectiva más amplia, y no decaer en las oscilaciones emocionales que, lógicamente, todos vivimos.

No es que haya que seguir estos ocho puntos de forma consecutiva, sino que se trabajan de forma transversal. El uno te lleva al otro. Son ingredientes que deben conformar el resultado final, pero que se pueden ir vertiendo en el orden que necesites.

Trabajar un punto te conduce a otro de forma simultánea.

Es posible que no te sientas identificado con todo lo que expreso en este libro, pero sólo con que te sientas identificado con algunas de sus partes, le habrás extraído un gran provecho a estos Ocho Senderos.

Vamos a conocernos, entonces. Imagina que desde ahora y hasta el final de este libro estás en compañía de un amigo que te cuenta sus evoluciones, un nuevo amigo al que descubrir y en el cual podrás ver reflejadas situaciones que vives, que puedes vivir en el futuro, o que hayas visto vivir a otros.

Es una aventura nueva el conocernos, y mediante esta pequeña intimidad entre tú y yo, aunque sea por contraste, es muy posible que acabemos conociéndonos mejor cada uno a sí mismo.

Bienvenido a los *Ocho senderos hacia la libertad.*

1
El Sendero de la Luz Propia

Como un dios o muchos
dioses pueden existir o no, es
bueno tener en cuenta las dos
hipótesis en nuestros actos.

HUBERT MONTEILHET

En algún momento de nuestra vida la mayoría de nosotros ha tenido una fuerte sensación de que hay algo que tenemos que hacer en nuestra vida. Que estábamos aquí para algo, aunque no podamos definirlo con claridad. Ese algo es muy importante, pero se nos escapa al entendimiento. La sensación de predestinación puede ser más o menos fuerte, pero en algún momento casi todos la hemos sentido.

Tuve esa sensación muy temprano en mi vida. No creía que sólo hubiera venido al mundo a sufrir. Por el contrario, creía que mis sufrimientos tenían un sentido más elevado y, aunque no conseguí saber el motivo, la sensación era persistente durante algunas temporadas. Realmente no puede ser cierto, pensaba yo, que toda la complejidad y belleza de la vida esté ahí pero no podamos disfrutarla. No es posible que solo hayamos venido a sufrir y hayamos de perdernos la parte buena que, sin duda, existe.

Durante algunos períodos más o menos largos de tiempo, olvidaba esa sensación perdido entre los diferentes estímulos con los que todos somos bombardeados. La sociedad nos va atando con bridas de sutil seda: unas ataduras forjadas con lazos aparentemente débiles formados por la seducción de los sentidos. Estas cadenas que nos van atando a lo material y a un ego deformado que exige placer y privilegios, están hechas de nuestra propia piel.

Más tarde o más temprano, y como estos placeres materiales son efímeros y dejan un vacío más grande que el que aparentemente llenan, aquella sensación de trascendencia se apodera de nosotros con intensidad. Curiosamente siempre me ocurría en momentos de desencanto y tristeza. Ocasiones en las que había saciado mi apetito material o carnal y me quedaba una poderosa sensación de vacío espiritual.

Durante esas etapas, trataba de buscar la razón de mi existencia, y sumido en el dolor, me entregaba a ensueños y fantasías sobre mi desconocida misión en la vida. Estas ensoñaciones, la sencilla sospecha de que esto fuese real, me llenaba de esperanza, ánimos y fuerza para seguir adelante un poco más y descubrir mi rol en este mundo. Puesto que al no comprenderlo me sumía en cierta desesperación, hice un gran descubrimiento, así lo sentí, que consistía en convencerme de que tal vez la misión era tan importante como la aventura de descubrir en qué consistía.

LA LECCIÓN DE LA MUERTE:

Hablaba, hace unos meses, con un amigo muy querido y admirado. Tengo pocas oportunidades de verlo, puesto que está muy ocupado y vivimos en ciudades distintas. Como decía, hablamos durante un momento sobre lo poco presente que está el hecho de la muerte en la sociedad actual.

Es un tema tabú. Perdemos, tratando de ocultarnos el hecho de la muerte, la perspectiva necesaria para reconocer lo que es realmente importante. Damos demasiado énfasis a lo urgente y a lo contingente, pero no pensamos demasiado en lo que es vital: los puntos de referencia que nos permiten unir con sentido las líneas de nuestra vida.

Desperdiciamos la oportunidad de decir exactamente lo que sentimos a las personas que amamos, porque creemos de forma insensata que siempre estarán ahí para nosotros. Descuidamos nuestras relaciones con los demás y, lo que es peor y más grave, con nosotros mismos.

Una de las mejores lecciones que aprendí fue la de que no es el miedo a la muerte lo que nos paraliza, en realidad es el miedo a la vida: miedo a las situaciones que nos arrancan de nuestra absolutamente falsa sensación de seguridad. La «zona de confort» en la que nada aprendemos y nada ocurre, o más bien, en la que enterramos la cabeza para no ver o sentir lo que sucede.

La experiencia de la muerte de mi hermano me ayudó a valorar el presente. Decidí que asiría el proverbial timón de mi vida, tomando la iniciativa a la hora de vivir para convertirme en aquello que quería ser. No conformarme con lo que se me había dado, siendo una víctima pasiva de las circunstancias que me acaecían.

El hecho de la muerte me dio una nueva perspectiva. En realidad, la muerte no es el final, sino el principio, paradójicamente, de la vida. Cuando por fin, atravesando los territorios de nuestra alma, encontramos que hay un límite, aprendemos a valorar nuestro reino. El reino de nuestra vida. Un lugar mágico, espacio-tiempo, en el que podemos llegar a construir el más bello monumento a la vida: nosotros mismos, la mejor versión que podemos ser. Desde el límite de nuestra identidad hacia adentro es desde donde podemos tomar conciencia de quiénes somos o queremos ser, pudiendo contar con referencias y puntos cardinales que nos ayuden a viajar por nuestros territorios internos.

A todos nos sucederá la muerte. A nuestros familiares, a nuestros amigos; también a nuestros enemigos. Todo lo que vemos, todo lo que somos o creemos ser se convertirá en polvo. Aquellos a quienes amamos sucumbirán ante el ciclo natural. Aquellos a quienes odiamos o nos odian, también morirán.

Tras el fallecimiento de mi hermano, recordando sus palabras tras superar la parte más dura del golpe de su ausencia, encontré el sentido, aunque muy amplio y difuso, encerrado en sus palabras: «estás destinado a enseñar».

¿Era ésta la clave de mi existencia?

En retrospectiva es como conseguimos unir ciertas causas y consecuencias, comprendí que quizás mi hermano había muerto para enseñarme una gran lección: necesitamos un estímulo muy poderoso para tomar conciencia de que la vida es una delicada y bella flor al borde de un precipicio: tanto más preciosa cuanto más breve y frágil.

CRECER PARA CREER O CREER PARA CRECER:

Resulta imprescindible no quedarnos embelesados mirando una idea de vida tras la muerte, imaginando mundos paradisíacos o reencarnaciones más felices. Por el contrario, la certeza de la muerte, la convicción de que nuestras creencias son decisión nuestra, debería ponernos sobre la pista de esta vida actual, en la que será necesario esforzarnos para crecer, aventurarnos a hollar caminos nuevos, espacios y territorios sin cartografiar, aportándonos esa maravillosa sensación de autodescubrimiento y la, sin duda, necesaria y feliz evolución como seres humanos completos, llenos de imperfecciones tal vez, pero con un potencial maravilloso.

Las creencias sanas son aquellas que nos permiten transitar de un estado emocional a otros. Cada cual puede creer en aquello que necesite creer para tomar la fuerza necesaria en el camino hacia su evolución personal. Yo preferí creer que mi hermano, ya fallecido, se había quedado a mi lado en forma de guía espiritual, de protector.

Las creencias pueden estar basadas en un hecho real y, objetivo o no, eso no es lo importante, lo importante es que los resultados de esas creencias sí son absolutamente reales. La falsedad o no de un enunciado no afectan a la utilidad y funcionalidad de una creencia. Ésta es, en muchos casos, un símbolo codificado que nos permite englobar toda una serie de pensamientos, emociones, intenciones y miedos que conjurar, sin tener que añadirle palabras a lo que no puede ser razonado o expresado.

La ansiedad por no controlar las circunstancias es una de las causas de mayor sufrimiento. Si alguna vez hemos practicado deporte, sabremos que se producen al día siguiente las tan temidas agujetas. Dicho dolor es un dolor que los que practican asiduamente deporte llaman «dolor bueno». Es un dolor constructivo, puesto que estás llevando al límite tu musculatura y ésta está creciendo, tonificándose.

En la vida, muchas personas sienten miedo al dolor del crecimiento, pero es la única forma de crecer. Nacimos con dolor, nos parieron con dolor; crecimos con dolor porque nuestros huesos se estiraban, nuestros músculos se adaptaban. El dolor no es sufrimiento. El sufrimiento es lo que nuestra mente hace con el dolor.

Cuanto más nos enfrentamos a la sensación de no estar seguros, más se reduce la sensación de ansiedad. En ese territorio más allá de nuestros cerrojos mentales se encuentra el verdadero jardín en que crecer. Allí es donde está escondido nuestro potencial. No es en realidad hacia afuera, sino hacia adentro, donde se halla ese mágico territorio lleno de semillas para nuestra felicidad, para una vida satisfactoria y plena.

Hay mucho sufrimiento en nosotros cuando no hacemos caso a nuestros más profundos sueños, cuando nos autoengañamos pensando en una vida de productividad y seguridad. El tormento de amordazar tus sueños es realmente un sufrimiento insoportable.

Por ello, la mayor motivación y fuerza, además de satisfacción, se encuentran en el fondo de nuestros corazones, allá donde impera a la sombra una pequeña pero poderosa llama que no conseguimos apagar del todo, y que nos persigue como una comezón cuando no la alimentamos: es la llama de la misión.

La llama de la misión es la *luz propia:* un tesoro con el que nacemos y que, después, vamos ahogando al tratar de someternos a las expectativas de los demás. Nos educan para ser esclavos y producir. Participamos de forma alienada de los procesos de creación de cosas que no nos pertenecen, de las cuales, en muchas ocasiones, ni vemos el resultado final. Nos convierten y nos dejamos convertir en pequeños e insignificantes engranajes, prescindibles, de una maquinaria deshumanizada que no nos necesita, que no requiere de nuestras verdaderas esencias y que no nos deja expresar nuestras verdaderas y maravillosas capacidades.

Creemos que somos lo que los demás opinan de nosotros, nos hemos acostumbrado a ser espejos que reflejan la visión distorsionada de los demás. Creemos que somos así o asá, porque hemos dejado que nos lo repitan mil veces. Incluso nosotros mismos participamos de esta cruel actividad, contándonos que somos insignificantes y que no podemos marcar una diferencia. Estas son las más peligrosas creencias: las creencias limitadoras.

Vivimos esas creencias llenos de dolor y amordazados, puesto que, por un lado, nuestra luz propia nos empuja, nos quema, nos ruega que mostremos nuestra maravillosa y valiosa singularidad; por otro lado, tiran de nosotros las sogas del miedo a lo desconocido. Continuamente damos curso a las órdenes de programación incapacitantes que la sociedad nos envía. Y cuanto más nos alejamos de la llama de la luz propia, más sufrimos en realidad.

Las creencias tienen mucho poder, y lo que los demás nos dicen nos afecta de forma terrible, si es negativo; y puede ayudarnos a mejorar si nos lo dicen con el ánimo de estimularnos positivamente.

Hay una historia que ilustra claramente esto. Dicha historia me llenó de pavor por un lado, aunque, pensándolo más detenidamente después, me aportó esperanza.

Nunca supe si la historia era o no real. Lo que sí sé es que me dio en qué pensar. Según recuerdo, la historia decía que en una ocasión, en Estados Unidos, un empresario fue citado por otro empresario del mismo sector de actividad para una reunión. El empresario que fue citado se inquietó, ya que eran competidores, y se dirigió hacia dicha cita con bastantes dudas, pero decidió que, en cualquier caso, haría acto de presencia.

Una vez que llegó al edificio —un impresionante edificio de acero y cristal— subió hasta la última planta donde se ubicaba el despacho de dirección del empresario que lo había citado. Una vez allí, cuando le abrieron las puertas del despacho se maravilló. Tras el gran ventanal que había detrás de la silla del director de aquella empresa, la vista era magnífica. Una panorámica de la ciudad con un precioso parque central. El despacho era lujoso, sillas de piel, mesa de una madera que prometía ser cara de verdad. El director de aquella empresa se acercó a su invitado y le tendió la mano con una gran sonrisa. Le pidió amablemente que se sentara y le preguntó si quería tomar algo. El empresario invitado declinó la oferta. Entonces el director de aquella impresionante corporación se sentó frente a él, abrió uno de los cajones de su extraordinaria mesa de directivo y le tendió una hoja escrita al invitado.

—Quiero, por favor, que lea esto detenidamente —dijo.

El invitado tomó en sus manos la hoja que se le tendía y empezó a leer.

—Disculpe —dijo el invitado—, esta hoja sólo contiene nombres.

—Efectivamente, George... ¿puedo llamarte George?

—Naturalmente — respondió éste sorprendido.

El director de aquella impresionante oficina señaló con un dedo la hoja que George tenía en sus manos.

—Hay exactamente cincuenta nombres. Todos ellos afectados por el crecimiento de tu empresa. No podemos hacer nada contra tu empresa, ya que legalmente todo está en orden. No obstante, George, nos sentimos profundamente perjudicados por tu política de precios. Así que, todas estas personas de las que puedes leer sus nombres en esa lista que acabo de entregarte y yo, nos reunimos cada noche durante una hora y rezamos, cogidos de la mano, para que enfermes y mueras. Cada noche, durante una hora, deseamos fervientemente tu enfermedad y muerte. Y vamos a seguir haciéndolo hasta que, por fin, los espíritus nos oigan y nos concedan nuestro deseo.

Como ya he dicho, me sentí aterrado. La historia contaba que el hombre, obsesionado con lo que aquel directivo le había comunicado, se empezó a encontrar mal un día. Poco después, el hombre moría de una enfermedad de corazón. Según la fuente de dicha noticia, George se encontraba, hasta aquel momento, perfectamente de salud.

Algunas historias explicaban que el vudú se practica en muchas partes del mundo. Parece ser que algunos sacerdotes podían tener el poder para matar a una persona que infringiera alguna norma de la tribu.

De dichas historias, no sé si leyendas, se desprendía que, cuando una persona era castigada, el sacerdote ejecutaba un ritual mediante el que la maldecía y le pronosticaba su muerte inminente. La tribu por completo, al ser testigo de este ritual, le daba la espalda al sentenciado, de forma que dejaba de tener relación social con la misma. Poco después, según afirman las fuentes, la persona maldita moría.

Mi reflexión fue que, si bien el poder de dichos ritos podría nacer de unos dioses o espíritus malvados, también cabía la posibilidad de que el temor y la creencia firme sobre la eficacia de estos ritos estuvieran instalados en las mentes de las víctimas.

El pensamiento negativo y el pesimismo tienen efectos devastadores sobre nuestra salud mental y física, incapacitándonos para tomar decisiones libres. Somos bastante sugestionables, y nuestros pensamientos y emociones están desguarnecidos. El tiempo me ha enseñado que vivimos con la mente desprotegida, de forma que nos convertimos en presas fáciles para los manipuladores.

Cuando nos instalan una duda, mediante un mensaje directo o subliminal, aunque el objeto de la duda o del pensamiento no sea real, si le damos curso, podemos acabar sintiendo efectos completamente reales.

En medicina está extendido el uso de placebos y estos tienen efectos comprobados.

Pero lo realmente importante es que, teniendo en cuenta estas cosas, podemos generar creencias provechosas y constructivas. Si es posible utilizar la sugestión de forma negativa, también puede ser utilizada de forma positiva. Como digo, la verdad o falsedad de una creencia debe medirse por sus resultados, pues estos son reales.

¿Cuántas veces nos han dicho cosas horribles, nos han criticado o destacado un defecto del cual nos avergonzamos, y eso se ha traducido, inmediatamente, en un estado de ánimo triste que nos ha conducido a cometer aún más errores o a sentirnos más abatidos aún?

Somos programados, no solo por las frases que nos dedican, sino por la manera en que nos contamos las cosas. Tanto las opiniones ajenas, los consejos y las valoraciones que hacen de nosotros, como las propias valoraciones y discurso interior, nos configuran, con resultados más positivos o negativos.

Si somos susceptibles de ser tan profundamente influidos hasta el punto de que nuestra configuración cognitiva y emocional quede menoscabada, también podemos cambiar nuestra programación en positivo, es decir: tenemos el poder de hacer de nosotros mismos la persona que queremos ser, en lugar de conformarnos con soportar la persona que creemos o nos han hecho creer que somos.

Para ello se requiere un poderoso acto de introspección y honestidad, porque para llegar a un destino necesitamos dos puntos claves de referencia: el de partida y el de destino.

> Todas las cosas están mancha-
> das cuando está manchada la
> mente; todas las cosas son puras
> cuando la mente es pura
>
> VIRMALAKIRTI

El budismo afirma que el ego, la conciencia de individualidad y existencia del «yo», no es más que un espejismo. Una ilusión de individualidad que no existe por sí misma y que nos ciega a la verdadera naturaleza prístina de la mente.

La enseñanza del *Anatta*, o ausencia de la existencia inherente del «yo», aparece en multitud de textos budistas o relacionados con el budismo. Y justamente esta enseñanza debe hacernos pensar: ya que no existe algo que sea inherentemente «yo», podemos crear, sobre la base de lo bueno que ya tenemos, una identidad que nos ayude realmente a hacer algo maravilloso con nuestras vidas, y que vehicule de forma armoniosa nuestra esencia con nuestra misión.

A mí también me gusta hacer una reflexión que ha ayudado a muchos de mis alumnos a obtener una comprensión más diáfana del asunto del ego:

Imaginemos que somos un espejo. Bueno, es solamente una metáfora, pero nos servirá. Somos un espejo roto, un espejo que ha estallado en mil pedazos, agrietado. Hemos sido golpeados o presionados por una educación emocional deficiente. La sociedad da mucho valor a la inteligencia no emocional. Lo cierto es que nos han estado amarrando con cuerdas poderosas que no nos permiten movernos más allá de lo que estrictamente necesita el sistema. Pero no nos han ayudado a conocernos a nosotros mismos y, hasta hace poco dicho conocimiento sólo era propio de bohemios, vagos, filósofos y locos. Esto nos ha hecho estallar la límpida superficie de nuestra alma, aquella con la que reflejamos lo que percibimos afuera.

Por lo tanto, en muchos casos, en mayor o menor medida, reflejamos de forma distorsionada lo que percibimos afuera. Nuestra visión de las cosas no es lo que hay afuera, sino que es, sobre todo, lo que, percibido ahí afuera, entra en nuestra mente y reconstruimos. Al tener el espejo roto, los reflejos, que creemos son la realidad, están desordenados. Por ello también sufrimos mucho. Además, un espejo no se refleja a sí mismo, y solemos ver los problemas como algo externo que nos invade. Solemos desviar y proyectar los problemas y no asumimos, en algunos casos, la responsabilidad que tenemos.

Nuestro trabajo puede ser asemejado al de alguien que debe volver a colocar los trozos del espejo de forma que reflejen con la mayor fidelidad posible lo que nos viene del exterior. Por otro lado, debemos desapegarnos de emociones y convicciones, prejuicios y suposiciones, para observar la prístina naturaleza de la mente. La paz inmensa de un océano de luz siempre cambiante, ondulante, pero compuesto de un solo elemento que, así como para el océano es el agua, para nuestra mente primigenia es el amor y la paz.

Es necesario comprender que la verdadera conexión real con lo divino que hay en cada uno de nosotros se produce cuando el ego no se interpone, sino que queda en suspenso, convirtiéndonos en uno con lo que nos rodea, borrando las imaginarias fronteras con que diferenciamos entre sujeto, objeto y acción.

Una de las grandes tragedias es que nos debatimos ante el miedo a lo desconocido y la curiosidad. Esperamos alcanzar éxitos sin arriesgar nada, procurando nadar y guardar la ropa. En realidad, cada vez que queremos alcanzar un nuevo nivel tenemos que arriesgarnos a salir de nuestra área de confort, en la que vivimos con una ficticia sensación de seguridad. Aquello que denominamos seguridad no es más que la medida de insatisfacción que creemos poder soportar.

Todos admiramos a alguien que en un momento dado dio un paso adelante. Echó a volar con sus frágiles alas de aventurero, descubriendo en sus retinas, en la brisa acariciadora entre sus plumas, nuevos horizontes: divertidos, agrestes; amables y evocadores. Paisajes del vivir que, después, describió para solaz de los que aún no hemos saltado al vacío.

Ellos, los admirables, siguieron sus propias estrellas y superaron un buen montón de «no se puede». Pero para hacerlo tuvieron que superar a su demonio interior, ese que nos dice susurrando: «Quédate aquí, oh, estamos tan bien, tan calentitos y arropados...»

Los maestros que nos emocionan y que nos inspiran vivieron las experiencias, contrastaron y arriesgaron. Ningún conocimiento abstracto puede sustituir una experiencia. Probablemente existen pocas verdades que puedan sernos útiles si no las experimentamos.

Necesitamos trascender al Buda —por utilizar una imagen poderosa—, que no es más que un reflejo de lo que somos en realidad. El Buda que se presenta delante de ti está limitado y no es más que un reflejo distorsionado de ti mismo. Es una abstracción, no una experiencia. Acaba con él. Rompe las cadenas de la limitación. Nuevas experiencias romperán, necesariamente, los patrones adquiridos por la costumbre. La derrota heredada.

Tal vez, para poder emprender un vuelo que nos abra horizontes deberíamos poder preguntarnos: ¿Qué es lo mejor que me puede pasar? Podemos permitirnos embelesarnos en una experiencia de visualización, como si de un sueño se tratara; un sueño que nos permita saborear cómo sería llegar hasta donde queremos. Una visión alada, en oro; llena de olores y sensaciones, del refulgir de emociones. Encontrar en el ensimismamiento un símbolo que nos permita codificar todos los significados, todos los porqués y para qué, contenidos en una sola visión. Abrir los brazos ahora mismo para abrazar nuestra esencia y darnos una cálida caricia. Recoge este símbolo de tu mente inconsciente y conserva la emoción.

Después, podemos imaginar: ¿qué es lo peor que me puede pasar? Vivámoslo, a ver si es tan grave, si da tanto miedo. Normalmente, acabamos descubriendo que, en realidad, las consecuencias no son tan graves. Pero esto no es lo importante: lo verdaderamente fundamental es que, con ello, permitimos a nuestro cerebro hallar soluciones creativas, imaginativas. Una vez hecho esto, puede ser muy rentable centrar nuestra mente consciente en alguna otra actividad que requiera toda la atención.

El consciente suele tener unos recursos limitados; lo que llamamos el «yo» interfiere o acalla el potencial creativo de nuestro inconsciente, de nuestro Guía Interior.

¿Recuerdas alguna vez haber querido obtener algo y encontrarte con que pudiste superar todos los obstáculos sin saber muy bien cómo lo hiciste? Estoy seguro que sí.

Por ello creo que debemos andar por territorios nuevos que nos permitan crear nuevos caminos para llegar a la plenitud personal. Creemos mapas nuevos, que definan nuestro territorio real, partituras que nos permitan repetir una pieza musical que ya hemos tocado; establezcamos nuevos menús que representen el sabor de la más exquisita comida, para que podamos repetirla. Pero no confundamos el mapa con el territorio, ni la partitura con la experiencia de la vibración musical, ni el menú con los apetitosos platos que representan. Porque conocer la fórmula del agua no nos calmará la sed.

Todos debemos recorrer nuestra epopeya vital, decidiendo si queremos vivir en la *Aurea mediocritas*, la feliz mediocridad de Horacio, o, por el contrario, desafiar los límites impuestos y lanzarnos a la búsqueda de una vida llena de sentido, que también traerá circunstancias adversas de las que nos nutriremos profundamente. Es probable —permítanme una licencia lírica—, provocando la ira de los envidiosos dioses, atrayendo hacia nosotros bendiciones disfrazadas de infortunios; pero diciendo lo que dijo Prometeo —que fue condenado a estar encadenado a una montaña por desafiar a Zeus y entregar al hombre, no sólo el fuego, sino la ciencia y la tecnología que éste traería consigo—, a Hermes, mensajero de los dioses: «No cambiaría yo mi desgracia por tu esclavitud».

Enamórate de tu vida, y si ahora no es muy atractiva, enamórate de lo que puedes llegar a hacer con ella, de en lo que puedes convertirte. Porque tú y yo tenemos el potencial para ser como queramos ser, para hacer lo que queramos hacer. Porque el límite es tu miedo.

A mí me inspiró el ideal del budismo *mahayana*: el *Bodhisattva*.

Dicha figura es la de un guerrero que despierta: el héroe que renuncia a desasirse del *samsara*, el ciclo de reencarnaciones incontroladas, hasta que el último ser sensible se haya iluminado. Es un guerrero de la luz que vuelve una y otra vez al mundo para enseñar con su ejemplo de compasión y sabiduría.

No es necesario creer en la reencarnación o en la vida tras la muerte para que dicha figura nos inspire.

Sea cual sea tu creencia, preparémonos para transitar otros siete senderos, para alcanzar una comprensión profunda sobre las herramientas, las competencias y las habilidades que ya tenemos, que son gratuitas, como la mayoría de elementos que necesitamos para configurar correctamente el ser que somos y que contiene en sí mismo el poder de ser feliz.

Hagamos brillar, como un faro de compasión y sabiduría, nuestra luz propia.

2

El Sendero de la Flexibilidad

Para dominar la naturaleza es preciso obedecerla.[...] La sutilidad de la naturaleza es mucho mayor que la sutilidad de los sentidos y la comprensión.

FRANCIS BACON

A VECES UNO CREE, con cándida inocencia, que una vez comprendidas ciertas verdades, los caminos se abren como por arte de magia.

Yo creía que, aceptando ciertas premisas, no tendría obstáculos que me estorbaran en mi nuevo, brillante y acertado camino. Pero de nuevo, la vida me dio una lección valiosa.

Me sentí completamente confundido. En ocasiones, cuando las cosas no me salían bien o me encontraba con resistencias, caía en la desesperación y el abatimiento. Uno cree que cuando el objetivo es bueno y es claro ya nunca encontrará adversidades. Pero lo cierto es que éstas aparecen.

Me sentía víctima de un nacimiento desafortunado, un ambiente familiar inestable y una educación errónea.

¿Estaba el mundo en mi contra? ¿Había fuerzas del mal que frenaban mi ascenso a la iluminación? ¿Había una especie de conspiración universal para sabotearme? En serio, me pregunté estas cosas.

Por más que trataba de hacer el bien y avanzar en el camino que yo creía correcto, las cosas no eran favorables. Pensaba que era víctima de la envidia ajena, de la mala suerte... ¡qué sé yo la de tonterías que pensé!

Además, en mi obtusa percepción, creía que mis avances no eran premiados, mientras que otros que no hacían esfuerzos eran recompensados por la vida, disfrutando del éxito que a mí me era esquivo.

Llegan esos momentos en los que piensas que nada vale la pena, que nada puede cambiar y que el mundo se rige mediante un sistema incorrecto de recompensas y castigos.

¿Qué estaba haciendo mal?

Victimizarme.

En realidad, el equivocado era yo.

Mi abuelo, un hombre maravilloso que siempre me dio buenos consejos, me volvió a dar uno de aquellos tan trillados, pero que, al reflexionar sobre él, me ayudó a cambiar el enfoque. Porque, al final, resulta que todo es un tema de enfoque.

—Hijo mío, los campos hay que sembrarlos. Tras sembrar, hay que ir regando y abonando.

»Después de eso, mientras vas cuidando de tus campos, has de ocupar tu cabeza en otra cosa, porque el tiempo de la cosecha llegará cuando toca, no antes y tampoco después.

—Sí, abuelo; pero es que estoy trabajando mucho y estudiando mucho, y nada me sale bien.

—Espera al tiempo de la cosecha. ¿No sabes eso de: «el que ríe al último ríe mejor»?

—Ojalá pasara el tiempo dormido y no me despertara hasta que llegaran los resultados que deseo.

—Salva —me dijo mi abuelo—, no te comas las semillas. La paciencia es el árbol con las raíces más amargas, pero con los frutos más dulces. Cuando llegue el momento de que tu cosecha fructifique, te sentirás mucho mejor.

—Pero, abuelo, ¿y si no cosecho lo que yo deseo?, ¿y si resulta que me encuentro con algo que no deseo?

—Te estás adelantando a los hechos, y estás sufriendo por cosas que no han pasado, que es posible que no pasen nunca. Tu obligación ahora mismo es la de hacer todo lo que esté en tus manos, ésta es tu responsabilidad. Olvídate del resultado. Desapégate de él.

Pocas horas después encontré, como por arte de magia, que un pensamiento taoísta de Lao Zi daba la razón a mi abuelo: «Cuando las cosas llegan a su máxima fuerza, empiezan a declinar».

—¿Crees que conseguiré lo que deseo? —Pregunté afligido.

—Hijo, no sé si conseguirás exactamente lo que deseas, porque lo que hoy te parece óptimo, mañana deja de ser tan inmejorable. No sólo cambian las cosas, sino cómo vemos esas cosas. Tú ocúpate de hacer el trabajo bien hecho, de aprender y de ser bueno en lo que haces. Espera que tú estés bien, es lo único que depende de ti.

Sólo podía seguir adelante, seguir sembrando con la esperanza de recoger los frutos que tanto ansiaba. Me impactó la frase que me dijo mi abuelo: «No te comas las semillas».

Había que dejar que la naturaleza siguiera su curso, desear lo mejor. Comprender que todo es transitorio, el dolor y la felicidad.

Poco a poco iba calando en mí la idea de que, las situaciones y circunstancias de la vida son las que son, pero que nosotros les aportamos una gran cantidad de significados. Que no podemos manejar las circunstancias pero —de nuevo emergía la idea—, sí podemos decidir cómo nos sentimos con lo que nos ocurre. Podemos decidir cómo reaccionamos ante dichas situaciones, y el aprendizaje que extraigamos sí nos enriquece.

En aquellos momentos, yo había tomado una decisión peligrosa: o las cosas eran exactamente como yo las quería o estaría fracasando. Estaba tomando una posición extrema en la que limitaba por completo mi sensación de éxito.

Debido a la conversación con mi abuelo seguí buscando información. Me vino como iluminación una cita de Epicteto: «No busques que los acontecimientos sucedan como tú quieres, sino desea que sucedan como sucedan, tú salgas bien parado».

La docilidad parece ser un buen medio para afrontar la vida. Docilidad entendida como flexibilidad, la proverbial del junco que se dobla ante la fuerza del viento de manera que éste no puede quebrarlo.

El estoicismo, escuela filosófica griega que también tuvo mucho seguimiento entre los romanos, te dice que actúes con ecuanimidad ante la tragedia, pero también ante el triunfo. Es decir: que te mantengas equilibrado, para no ser víctima de estados de ánimo arbitrarios y cambiantes.

Como los estoicos, estaba en un momento en el que poco podía hacer por cambiar gran cosa de mi vida, por lo que decidí cambiar mi actitud hacia la vida.

Toda enseñanza y toda creencia tienen validez durante un tiempo y para algo concreto. Para mí el estoicismo tenía esa parte positiva de la indiferencia ante todo logro que no proviniera de mi interior.

En muchas situaciones de la vida en las que me habían aparecido contrariedades que no esperaba, había reaccionado de una forma que no puedo describir mejor que como congelación. Me quedaba parado, completamente bloqueado, para después luchar contra el problema, enfrentándome con la misma intensidad y, lo que es peor, con el estado mental en el que surgió la dificultad.

Necesitaba conseguir crear recursos para poder reaccionar ante las circunstancias adversas con rapidez y cambiar mi estado mental desde el estado donde surge el problema, al estado en el que, o bien, el problema deja de ser percibido como tal, o en el que el mismo se soluciona.

Cuando nos enfrentamos a un problema, solemos estar tan afectados emocionalmente que no podemos reaccionar racionalmente, contemplando la totalidad de la situación y respondiendo al estímulo de forma serena. También, en ocasiones, lo que nos parece una circunstancia negativa tiene más que ver con nuestra percepción del hecho, que de la situación en sí misma.

Recordé unas palabras: «Si algo no funciona, haz otra cosa, cualquier otra cosa», y yo añadí: «¡Y rápido!»

Se atribuye a Albert Einstein una cita que me he permitido alterar muy sutilmente: «Hay dos maneras de vivir nuestra vida: como si nada fuera un milagro o como si todo fuera un milagro». En realidad, es una decisión personal.

No sólo he sido muy rígido en cuanto a mis creencias, sino que además lo he sido respecto a mis expectativas, lo cual es añadirle desesperación a la desgracia.

Cuando mis esquemas mentales no encajaban con las circunstancias, o viceversa, me sentía defraudado, engañado y confuso.

En su fabuloso libro, *Platón y un ornitorrinco entran en un bar...*, Thomas Cathcart y Daniel Klein cuentan el siguiente chiste:

Un hombre que buscaba la verdad había oído que el gurú más sabio de toda la India vivía en la cima de la montaña más alta del país. Así que anduvo y anduvo, hasta que llegó a la mítica montaña. Esos montes eran muy escarpados, y en más de una ocasión resbaló y se cayó. Cuando llegó a la cima, estaba cubierto de cortes y de heridas, pero se encontró con el gurú, sentado con las piernas cruzadas frente a su cueva.
—¡Oh, sabio gurú! —dijo el aprendiz—. He venido hasta ti para preguntarte el sentido de la vida.

—¡Ah, sí! El sentido de la vida —dijo el gurú—. El sentido de la vida es una taza de té.

—¿Una taza de té? He venido hasta aquí para hallar el sentido de la vida, ¿y me dices que es una taza de té?

El gurú se encogió de hombros.

—Bueno, pues tal vez no sea una taza de té —dijo.

En muchas ocasiones no estamos buscando la verdad, ni siquiera estamos buscando algo parecido. Muchas veces buscamos oír, leer o constatar lo que queremos escuchar.

Nuestra percepción de la perfección está tan oscurecida por toda una serie de prejuicios y de expectativas que, llegados a contemplarla, nos desilusionaría, «pues tal vez no sea una taza de té».

La belleza reside en los ojos del observador. Reside en el estado de ánimo, en las circunstancias que vivimos.

Nuestro enfoque determina nuestra realidad. A todos nos pasan cosas parecidas, y mientras unos se sienten deprimidos y desesperados, otros se sienten felices y valoran las cosas positivas.

Cuando nuestros postulados son muy rígidos, por justos que nos parezcan, un día u otro van a chocar de frente con circunstancias en los que no son aplicables. Para entonces sólo podremos haber conseguido una cierta flexibilidad que nos permita observar, analizar, comprender y reaccionar de una manera apropiada, sana y equilibrada.

Cuando el foco de nuestra mente es rígido, no podemos percibir la totalidad de las cosas.

La flexibilidad y la capacidad de adaptación son la base de nuestra existencia.

3

El Sendero de la Paciencia

La felicidad es el fruto de la
acumulación de méritos [...] Incluso
quien hace buenas obras conoce
días malos mientras su mérito no ha
madurado; pero cuando su mérito ha
madurado del todo, conoce los felices
resultados de sus obras meritorias.

BUDA

HOY EN DÍA está muy de moda la llamada Ley de Atracción, que podría ser una reformulación más acertada, o no, de la Ley del Karma. Tal vez no se trate de acierto o no, sino de una forma de expresar lo mismo con construcciones lingüísticas diferentes. El caso es que no deja de ser positivo vivir la certeza de que lo semejante atrae a lo semejante, que la bondad atrae bondad; que la maldad, aunque pueda parecernos que proporciona ventaja a algunas personas despiadadas, acaba teniendo el fruto que le corresponde. Muchas veces pensamos, no sin parte de razón, que los malos, los despiadados, los sinvergüenzas y los avaros, consiguen lo que quieren y que, para más infamia, son felices. Pero lo cierto es que se trata de un juicio excesivamente superficial.

No estamos dentro de la vida de estas personas, ni siquiera estamos todo el tiempo observándolas, como para ser testigos de la cosecha de su maldad: sus sufrimientos, quebrantos y soledad.

Lo que me pareció tremendamente útil de toda esta reflexión y de las horas de estudio y meditación es que, aunque no consiguiera dilucidar cuáles serían exactamente las consecuencias de mis actos, ni cuándo ni cómo éstas iban a manifestarse, mantener la fe en el hecho de que mi conducta y la intencionalidad de la misma podían producir futuros más amables me llenaba de esperanza.

Muchas cosas son las que no dependen de nuestra voluntad, y aunque podamos desear que el placer dure para siempre, esto es un sinsentido. Si el placer fuese eterno, no sería placer. Si el dolor fuese eterno, no sería dolor. No podemos entender que las cosas son bellas —como dice Lao Zi— si no existiera la fealdad. O como expresó Kant: «Si sólo hubiese una mano en el universo, ¿cómo sabríamos si era una mano izquierda o derecha?»

Comprender que las situaciones se alternan y que cada una de ellas, positiva o negativa, contiene a la opuesta, nos aporta consuelo.

Por ello, aprendí, gracias al *Dao*, que lo que ahora es negativo, contiene en su interior lo que mañana será positivo, y que lo positivo contiene la semilla de su opuesto. Por lo tanto, podemos desapegarnos de las emociones turbulentas y de la desesperanza, puesto que todo lo que nace muere, y todo lo que crece menguará.

Si las circunstancias no son favorables a priori, podemos no añadir más sufrimiento al dolor. El sufrimiento es un estado mental detonado por el dolor. Pero no es el dolor en sí mismo, sino nuestra reacción al mismo, ya sea éste real o imaginado.

Tenemos la libertad de elegir cómo nos sentimos con lo que sentimos.

Nada es permanente. Así pues, en esto también descubrimos que somos libres de hacer mejor o peor las cosas cuando las circunstancias no son las deseadas. «Lo que no me mata me hace más fuerte», dice Friedrich Nietzsche.

Incluso cuando estamos mirando algo bello debemos parpadear. Incluso cuando caminamos, al dar un paso, estamos en desequilibrio, y sólo una magnífica ingeniería nos permite volver a equilibrarnos.

El miedo no es el enemigo, lo es la parálisis que provoca el miedo al miedo. En muchas ocasiones me había paralizado el miedo a equivocarme, a cometer un error, pero no hay otra forma de acertar que cometer errores y corregirlos.

Por otro lado, el miedo a cometer errores no deja de ser normal, pero la peor de las equivocaciones era cuando consideraba un error como un fracaso. Tenía que aprender aún que el miedo nacía, en muchas ocasiones, de la expectativa rígida sobre la finalización de una acción.

Si las cosas no salían exactamente como estaban planeadas lo consideraba un fracaso. Demasiada presión. En realidad me faltaba mucho por aprender.

Un error no es un fracaso, el que las cosas salgan de otra manera a la que uno había planeado puede significar muchas cosas. Todo resultado, deseado o no, suma; en cambio el quedarse paralizado y no actuar por miedo a cometer un error, resta.

Toda suma es acumulación de experiencia, y toda experiencia, si se reflexiona sobre ella, contiene lecciones que pueden nutrirnos.

Saber que todo es cíclico nos ayuda a tener paciencia como para soportar las dificultades con dignidad y esperanza. Comprender que todo es cíclico nos ayuda a vivir los momentos de alegría con moderación y responsabilidad. Cuando nos sentimos felices también estamos actuando de forma que imprimimos una huella kármica, si podemos expresarlo así.

También es cierto que, en los momentos de felicidad el tiempo parece volar. Se nos escapa de las manos y vuela como un pájaro al que fugazmente habíamos dado caza.

Siempre es la percepción, por lo que pasamos muchas veces esos momentos cabalgando el obtuso caballo de la euforia a toda velocidad, sin aprovechar ni por un momento las lecciones que, en la alegría, también existen.

Sin duda, los más mortificantes pueden ser los momentos de pérdida o tristeza, en los que el tiempo se convierte en una especie de sustancia densa que nos frena y que no nos deja avanzar. También, en este caso, se trata de una mera percepción: una ilusión en la que el tiempo se estira hasta límites insoportables. El dolor, hace que seamos muy conscientes. Nos mantiene atados a esa sensación de una manera que no podemos, o creemos que no podemos aliviar.

Me viene a la cabeza que alguien me contó que le preguntó a un maestro budista iluminado si —gracias a su realización espiritual— ya no se sentía triste. El maestro respondió que sí, que de cuando en cuando. Entonces le volvió a preguntar al maestro que, puesto que se seguía deprimiendo, dónde veía él la diferencia entre estar realizado o no, a lo que éste le respondió: «En que ya no me importa».

Aunque hay ocasiones en las que pensamos que las cosas no van a cambiar para nosotros, lo cierto es que el cambio es algo que sucede siempre, tarde o temprano. El problema es que, a veces, estamos tan sumidos en la frustración, la pena o la desesperación, que no somos capaces de percibir que las circunstancias o nuestra manera de enfrentarnos a ellas han cambiado. Es como aquél que se quejaba amargamente de tener mucha sed, rodeado de agua por todas partes. ¡Ah, castigo de Tántalo!

El estar centrado en la propia mejora nos permite liberarnos de la presión y poder apreciar los cambios cuando estos se producen.

Necesitamos urgentemente cultivar una mejor actitud ante la adversidad. Debemos continuar adelante con fe y determinación.

Si pensamos que no podemos superar nuestra frustración, así será, desde luego. Pero enfrentarnos a ellas con la intención de extraer aprendizajes nos ayudará a adquirir nuevas experiencias que nos liberarán de nuestras creencias y convicciones limitadoras.

Aprovisionémonos de una buena medida de paz interior. Utilicemos la meditación y calmemos nuestra mente del innecesario y excesivo ruido interior. También de la sobresaturación de estímulos que recibimos continuamente mediante la televisión o cualquier otro medio de comunicación masivo: es veneno si engulles todo eso sin control.

Decía Buda que la mente es como el agua de un estanque, que debe ser aquietada. Para poder ver cómo las impurezas de nuestra mente se depositan en el fondo y, así, identificarlas y trabajarlas.

Utilizaré una vez más el símil: consigamos sosegar nuestra mente y su constante parloteo siendo como el sol que ve pasar las nubes, pero en ninguna de ellas se concentra. Los pensamientos son pasajeros, no los evites. Pero tampoco les sigas. Tú eres el que piensa, no eres lo pensado. Tú eres la fuente, no el agua; tú eres el continente, no el contenido.

¿Puedes percibir toda la belleza de este mundo? Si puedes percibir aunque sea una pequeña parte es porque, en tu interior, también existe esa belleza. No permitas que nadie te arranque la autoestima. Eres, somos, aquello que percibe la belleza y, necesariamente, somos bellos. Cuando dejemos de luchar por agradar a los demás, haciendo esfuerzos por gustar y ser admitidos, tal vez comprendamos que no nos hacían falta ropajes insustanciales, sólo era necesario pulir la joya que ya somos, como un diamante.

Una creencia que a mí siempre me ha ayudado es la de tener la confianza en que en todo lo que pasa tiene un significado oculto que es una clave para mi futuro. También puede que coincidas conmigo en que, mirando con perspectiva, todo lo que ahora tenemos, negativo o positivo, relaciones y sabiduría, están aquí y ahora porque hemos vivido todos los procesos que nos han acaecido. Todo es fruto de las circunstancias que se han ido dando en nuestro pasado. Difícilmente, ninguno de nosotros cambiaríamos a las personas que hemos encontrado y a las que queremos por evitarnos un mal trago en el pasado.

He coincidido con muchas personas que también, al igual que me pasa a mí, hoy por hoy dan por buenas las circunstancias que han vivido, ya que éstas les han configurado tal como hoy son.

Por ello, el tener esa certeza, nos ayuda a atesorar esperanza y fe. A mí me ha ayudado a soportar el dolor y la incomodidad, sabiendo que todo lo que estoy viviendo encierra un significado codificado. Me ha permitido adaptarme a las circunstancias eliminando la carga de sufrimiento al dolor.

Si podemos mirar atrás y comprender el mapa de nuestro pasado, si somos capaces de encontrar sentido a nuestra vida, debemos tener fe de que el presente y el futuro también lo tendrá cuando, pasado un tiempo, miremos atrás. No nos desesperemos por desconocer lo que nos depara el futuro. Mantengamos una actitud de paciente positivismo, sabiendo que nunca nos será dado un dolor tan intenso que no podamos soportar.

4

El Sendero
del Hábito

Los carpinteros dan forma
a la madera; los flecheros dan
forma a las flechas; los sabios
se dan forma a sí mismos.

BUDA

RECUERDO UNA VEZ que hice un recorrido en la noche de una población a otra. Apenas me separaban treinta kilómetros pero llegué a mi lugar de destino y me estacioné. Fue entonces cuando caí en la cuenta de que había llegado allí sin ser consciente y, tan absorto iba en mis pensamientos que ni siquiera sabía si había respetado los semáforos y otras señales. Aparentemente lo hice, puesto que había llegado hasta allí.

Ahora sé que eso es un estado de trance, donde el inconsciente toma las riendas y hace perfectamente lo que, conscientemente, hacemos con más dificultad.

Hace pocos años, mi esposa y yo íbamos en coche. Yo iba también absorto y no me di cuenta de un «ceda el paso» muy peligroso que había en la incorporación a una autopista. Pocos metros después de haber pasado por allí, caí en la cuenta y un poco asustado le pregunté si había respetado la señal de «ceda el paso». Ella me respondió que sí mientras me miraba con una expresión de sorpresa. Mi inconsciente había tomado las riendas, y mientras mi consciente estaba en no sé qué nube, había ejecutado los pasos correctos.

Esto es fruto del esfuerzo, del hábito. Como mucha gente, había aprendido a conducir un automóvil, y llegados a un punto, conducía, como nos pasa a todos, a veces sin ser conscientes de lo que estamos haciendo.

Tanto Aristóteles como Confucio habían aseverado que, la virtud como el vicio, son una cuestión de hábito.

La mente consciente se ocupa, principalmente, de lo que no hacemos bien. De aquello que nos cuesta dominar y que sólo podemos ejecutar con todos nuestros sentidos puestos en la tarea.

En cambio, el subconsciente se ocupa de las tareas que hacemos perfectamente bien. En el caso de conducir, nuestro cerebro parece que se apaga y que nos permite realizar una tarea, por otro lado complicadísima, sin necesitar recursos que nos desgasten. En realidad, somos capaces de realizar toda suerte de tareas sin apenas darnos cuenta. Esto se debe a que hemos automatizado los procesos de tanto repetirlos. De esta manera, ejecutamos maniobras complicadas, como estacionar un vehículo, dejando que nuestro subconsciente haga todos los complejos cálculos necesarios para dicha acción.

Recuerdo una historia en la que un jovencito salía de caza con su padre. Estaban en Cantabria, España, en una época antigua. El padre quería enseñar a su hijo la tarea, por entonces imprescindible, de cazar patos para dar de comer a su familia; y lo hacían con arcos y flechas. El hijo, tomando el arco, trató de apuntar a un pobre pato que tuvo la mala fortuna de cruzarse con ellos. Tanto tardó en hacerlo que, cuando disparó la saeta, el pato ya había huido. El padre le interrogó por la tardanza en disparar, a lo que el hijo le respondió que necesitaba calcular la velocidad del viento, la altura y la parábola para tensar el arco adecuadamente con objeto de acertarle al pobre pato. El padre, sonriendo, le dijo que dejara a su espíritu hacer esos cálculos, pues si los hacía mentalmente nunca podría acertar a la presa.

Nuestro subconsciente tiene un potencial que aún no ha podido ser del todo descubierto. Puede proporcionarnos una enorme cantidad de energía y recursos para resolver situaciones, o para ir en pos de un sueño o una meta.

Pero el subconsciente tiene sus propias reglas no escritas: Cuando nos sentimos bien con lo que estamos haciendo, nuestra mente, nuestro subconsciente, colabora con nosotros. Pero cuando nos sentimos mal o no disfrutamos lo que hacemos, el subconsciente nos cierra sus puertas poniéndonos trabas de todo tipo.

Nuestro subconsciente no entiende de grandes metas u objetivos, lo que a nuestro subconsciente le importa y a lo que reacciona es a si nos sentimos bien. Su misión es protegernos de la infelicidad presente, por lo que no podemos utilizar la persuasión retórica para abrir su enorme pozo de energía. El subconsciente no va a sacrificar nuestro bienestar emocional —que es de lo que se ocupa— en aras de un bien mayor, por muy razonable o deseable que sea o nos pueda parecer. Él no entiende de razones, sino que detecta nuestros sentimientos y actúa en consecuencia disparando, si es necesario, todos los mecanismos de defensa, es decir: todos los procesos mentales inconscientes que tienen como propósito vencer, circundar, evitar, escapar, ignorar, etcétera.

En muchas ocasiones, la falta de concentración, el tener que leer varias veces el párrafo de un libro, el despistarse con cualquier cosa mientras se estudia, tiene que ver con una forma de defensa de nuestro subconsciente, que sabotea la actividad que nos hemos propuesto, al detectar en nosotros que no nos sentimos felices con lo que estamos haciendo.

Por tanto, al despreciar las recompensas inmediatas, nuestro subconsciente recibe un mensaje en el que se afirma que nos sentimos bien con lo que estamos haciendo, de manera que no se interpone, al no existir temor a que debamos ser protegidos de una eventual decepción. Es por ello que tenemos que saber convencer a nuestro subconsciente, sintiéndonos bien con lo que estamos haciendo. En mi caso, decidí premiarme por los pequeños éxitos vinculados a la tarea que estaba realizando.

Por otro lado, al descubrir que debía ser consciente de cada situación o interacción en la que participase, con el objetivo de formar hábitos virtuosos, también caí en la cuenta de los «automatismos» mentales que me hacían reaccionar de forma irracional en ciertas situaciones. Creo que, la mayoría, hemos sentido en alguna ocasión cómo respondemos a ciertos estímulos con el «piloto automático». Dichas respuestas automáticas no suelen ajustarse a las verdaderas necesidades que nos van surgiendo, sino que son patrones de conducta erróneos de los cuales somos esclavos: es una programación no deseada de nuestra mente.

El alcanzar una meta es la consecuencia de la realización de una serie de procesos que no son aleatorios.

¿Podía mi cerebro programarse de la misma manera para que mi persona reaccionara de una forma automática pero correcta?

Mis reacciones inconscientes me limitaban enormemente ya que no eran controladas ni tenían necesariamente que ver con mi propósito. Por ello, debía instalar, desde la atención consciente, los hábitos que me condujeran a mi propósito. Por otro lado, debía ser consciente, aunque pueda parecer paradójico, de mis reacciones inconscientes, para poder así detectar en qué aspectos debía mejorar y cuáles influían negativamente en la consecución de los objetivos que tanto deseaba.

Muchas veces, dicho entrenamiento se convertía en una pesadilla, ya que, cuanto más consciente era de mis limitaciones, más deprimido me sentía. Cuando me equivocaba o me dejaba llevar por una reacción negativa, al procesarlo después me sentía como un inepto incapaz de producir los cambios que necesitaba para mejorar. Me sentía tremendamente culpable y tenía la tendencia a considerar fracasos los errores que cometía.

Lo cierto es que estaba equivocado, y el problema no era otro que el enfoque, una vez más.

Cada interacción en la que estaba involucrado tenía como parámetros el «éxito» o el «fracaso», cuando en realidad, las cosas funcionan mejor de otra manera.

Cuando te atreves a aspirar a un objetivo más grande que tú mismo, la vida te pone a prueba. Esta fue una creencia que me sirvió entonces y que sigue siéndome especialmente útil hoy en día.

Así que me enfoqué en comprender que cada prueba, más que un obstáculo, era un test que se aprueba según la actitud con que lo enfrentes.

El éxito, o lo que es lo mismo, la consecución de los objetivos que uno se impone, parece estar vivo y tener una cierta conciencia de sí mismo. Parece que sabe que es un trofeo ansiado por muchos y en consecuencia, se comporta de forma huidiza. Huye, se esconde, te enseña sus encantos y vuelve a esconderse.

El camino al éxito es complicado, puesto que exige una gran determinación y no dejarse deslumbrar por pequeñas metas difusas que, en el trayecto hacia éste, van surgiendo y te pueden apartar de la consecución del éxito deseado.

Cuando no se establece con claridad lo que es el éxito para uno, es probable que nos perdamos y que nos confundamos.

Por otro lado, como amante evanescente, el éxito parece ponernos a prueba constantemente, haciéndonos enfrentar pruebas, superar obstáculos y rehacernos tras ciertas derrotas.

Como antes decía, el obsesionarme con el éxito o feliz cumplimiento de mis propósitos, me dejaba con una sensación de «no vivir». Parecía que no estaría vivo hasta que lo alcanzara, dejando en suspenso, o mejor dicho, pasando sin prácticamente conciencia, los momentos, días, años de vida, hasta llegar a la consecución de mis objetivos.

Pocas cosas pueden ser tan trágicas como postergar la vida hasta un momento concreto en el que todo parezca estar a nuestro gusto.

Primeramente, la vida no espera, por lo que, de cumplirse ese momento, ¿cuánto nos quedará de vida? ¿Tú te conformas con vivir treinta o cuarenta años, mientras has perdido los mejores años de tu vida, tu juventud, en animación suspendida a la espera del éxito?

Por otro lado, si estamos esperando a que las cosas sean perfectas y hayamos conseguido exactamente lo que esperábamos, podemos seguir esperando en vano.

Pero volviendo a mí, sabiendo que a muchas personas mis objetivos les parecerían una tontería, o bien, un ejercicio de arrogancia —cuando no una locura—, me esforcé en sacar de esto una conclusión: El éxito quiere ser alcanzado por los mejores.

Existen muchas personas que carecen de talento para llegar más allá, o más bien creen que carecen de ese talento. Lo que en realidad les ocurre es que sienten miedo de mirar dentro de sí mismos. Les produce vértigo y aprensión pensar en lo que pueden encontrar.

Sin duda, los comprendo, porque es difícil dar el paso de mirar hacia tu interior y tomar la responsabilidad, pero no queda más remedio que hacerlo si de lo que se trata es de conquistar nuestro territorio: conocernos, aceptarnos y comprender que gran parte de la responsabilidad de las circunstancias que nos encontramos están creadas por nosotros mismos.

Por ello, una vez damos el paso, probablemente ardamos en deseos de compartir la buena noticia con los demás, informarles de nuestros hallazgos y tratar de animarlos a que sigan ese camino. Algunas reacciones serán muy buenas, pero otras serán espeluznantes. Podemos enfrentarnos a críticas feroces, a la burla o el desprecio.

Hayamos conseguido mejorar más o menos, lo importante es estar en el camino. Nunca debemos compararnos con otros, sino que en la medida debemos ser siempre nosotros. Necesitamos mirar atrás y ver cómo hemos comenzado. Cómo éramos cuando empezamos la aventura del autoconocimiento y cómo somos ahora. Qué mejoras percibimos.

Si tienes un buen amigo, o un buen guía, ya sea un psicólogo, coach o mentor, tal vez puedas conseguir un buen *feedback* que te ayude a seguir creciendo. Evita la crítica del ignorante o del envidioso.

Tú y yo somos jardines en potencia. Jardines, como el epicúreo, en el que sembrar las semillas de nuestros placeres espirituales. La porquería de los demás puede ser utilizada para abonar nuestro jardín interior. La belleza de las flores que vayan naciendo dependerá tanto de la naturaleza de la flor, como de tu observación al verla crecer y abrirse. Juzgarás como bellas a las flores que hayas tratado de cultivar y a las que les hayas puesto más esfuerzo, amor y cuidados. Nadie, desde el exterior de tu jardín, tiene la percepción y el conocimiento que tú tienes del proceso que ha llevado a la culminación de dicha belleza. Es por tanto peligroso permitir a otros, ignorantes de tu esfuerzo, mimo y amor, juzgar la belleza de tu jardín.

Eres un milagro que nadie tiene derecho a pisotear.

Tampoco podemos pisotearnos nosotros mismos juzgando apresuradamente nuestros pequeños avances. Poco a poco, como aprendices de brujo, vamos a ir adquiriendo ese poder mágico.

Vuelvo a recordar las palabras de Buda: «Los sabios se dan forma a sí mismos».

5

El Sendero del Presente

Un rey de un país lejano quería acuñar una moneda con su efigie en el anverso, y en el reverso, la de las montañas cuyas escarpadas cimas hacían característico su reino, para celebrar sus recientes conquistas y la prosperidad del mismo.

Además, quería inscribir una frase que contuviera una gran sabiduría para demostrar así que no sólo era un rey conquistador y guerrero, sino también un hombre sabio y ponderado. Pensó escribir una frase que contuviera un mensaje para los tiempos de prosperidad, y en el reverso, un mensaje para los momentos de dificultad.

Para este menester, mandó llamar al monje más sabio de su país; un viejo eremita que vivía en las cumbres de las montañas.

Tras días de viaje, el viejo ermitaño llegó a palacio obedeciendo las órdenes de su soberano.

—Quiero escribir en las monedas del reino que pienso acuñar con motivo de nuestras recientes conquistas y nuestra prosperidad, una frase que resuma la sabiduría, para que así el pueblo sepa que cuenta con un rey, no sólo valiente, sino también con un gobernante sabio —dijo el rey—. Quiero que escribas una frase para el anverso, que nos haga agradecer nuestra prosperidad, y otra en el reverso, que nos ayude a soportar los momentos difíciles que, debido a la impermanencia, llegarán.

El viejo monje pidió una de las monedas y escribió rápidamente en ambas caras de la moneda entregándosela al rey.

El monarca, impaciente por conocer la sabiduría del maestro, leyó el reverso de la moneda, la frase para los tiempos difíciles: «Pasará», había escrito el sabio. Le dio la vuelta a la moneda y contemplo su efigie: «Pasará», había repetido el viejo maestro.

Estar demasiado implicado emocionalmente suele conducir a un juicio de las situaciones bastante parcial y, en ocasiones, extremo. Así que, en mi caso, aprendí a contemplarlo todo desde otro enfoque: cada interacción era un entrenamiento, un juego en el que podía observar toda la situación, incluido yo mismo, como un escenario en el que podía analizar después lo positivo y negativo que había acontecido, sin juzgar, sino simplemente analizando para extraer enseñanzas valiosas.

Este enfoque me liberó de mucha presión, ya que se trataba de ir mejorando, mediante el análisis de la interacción, para optimizarme. «Derrota a derrota hasta la victoria», o lo que es lo mismo: «Las derrotas no son derrotas, sino maneras de aprender a conquistar la victoria».

Evidentemente, mi objetivo de llegar a ser maestro de artes marciales quedó enterrado en el fondo de mi mente. Sencillamente empecé a centrarme en mi entrenamiento, en aprender, liberado de toda presión. El secreto de todo, para mí, estaba en no desesperarme teniendo la mirada puesta en el objetivo, con la vana esperanza de amanecer de repente un día y ser testigo de un milagro. Debía centrarme en los pequeños hábitos.

Si durante mis entrenamientos mi mente, respiración y cuerpo debían estar en perfecta consonancia para ejecutar bien la tarea, deduje que así habría de ser también cuando no estuviera en el ámbito de la práctica marcial. Comprendí que debía cultivar la atención a mis hábitos de pensamiento, palabra y acción.

Estar atento a mis procesos para alcanzar el control de mí mismo era una tarea tremendamente exigente. Debía ser consciente de mis experiencias y de mis sensaciones, así como de mis reacciones a ellas. Era una tarea difícil. No obstante, pronto tuve que aprender que para ser bueno, no es necesario ser perfecto.

Llegué a la conclusión de que las habilidades que a mí me parecían maravillosas en otra persona, no eran el fruto de un milagro o de que esa persona simplemente se hubiese levantado un día de la cama con todo eso en su interior. Se trataba, más bien, del fruto de mucho entrenamiento diario, de mucho estudio en solitario, en el que esa persona había sufrido, al igual que yo, pequeñas decepciones y momentos de inseguridad y desesperanza: «Nadie nace maestro».

Así que, en definitiva, hube de admitir que no era una cuestión de «arte de magia». ¿O sí?

Abracadabra es una palabra usada por los magos y prestidigitadores de todo el mundo. Esta palabra tiene su origen en el arameo o en el hebreo, y una de sus posibles etimologías es *Aberah KeDabar*: «Iré creando conforme hable».

Así pues, decidí empezar con mi pequeño curso de magia personal. Me serví de la imagen de mí mismo que quería alcanzar para sentirme motivado y tener una referencia de hacia donde quería conducir mi vida; cada uno de los pequeños pasos que, uno a uno, irían creando el camino que yo iba a transitar. Y es que no hay caminos prediseñados para llegar a ciertos lugares, no hay referencias exactas, ni latitudes ni longitudes a las que aferrarse. Llega un momento en el camino que uno emprende en el que deja de existir como tal y hay que caminar y hollar la tierra por primera vez, sin garantías de llegar al lugar al que quieres llegar, sin unas marcas externas que te indiquen si vas por el camino correcto. El secreto, en parte, era prestar atención a las marcas interiores, a los avisos del corazón.

Cuando comprendí que lo esencial son los procesos, llegué a sentirme enamorado: sentí la pasión por ser virtuoso.

Realicé un pacto conmigo mismo, a saber: que me comprometía a divertirme con los procesos y enriquecerme de las aventuras, de las experiencias, sacando el máximo provecho con un análisis retrospectivo de dicho entrenamiento.

Un día llegó un joven a la casa de un maestro.

—Maestro, quiero aprender su arte.

—Por supuesto —respondió el maestro.

—Si practico dos veces a la semana, ¿cuánto tardaré en ser cinturón negro?

—Cinco años —dijo el maestro.

—¿Y si vengo a entrenar tres veces a la semana?

—Entonces tardarás diez —dijo el maestro con una sonrisa.

—Pero, eso... Bueno, ¿y si vengo todos los días?

—preguntó el joven confundido.

—Entonces tardarás quince años —sentenció el maestro.

Muchas personas abandonan al primer inconveniente, tal vez al segundo. El caso es que iniciamos cualquier camino con la vista puesta en el destino, y no en el trayecto. A veces se disfruta de un destino porque el trayecto nos ha sido difícil, nos ha exigido un esfuerzo importante. Pero solemos denostar la perseverancia, la necesidad de, si tenemos claro lo que queremos, ser tenaces e, incluso, tozudos. No hay ningún atajo que nos conduzca a algún lugar al que merezca la pena llegar.

Tampoco debemos abandonar. En ocasiones al iniciar una actividad que nos puede beneficiar, esperamos resultados inmediatos, gratificación instantánea. Y cuando esto no ocurre, abandonamos. Si conseguimos despreciar los resultados, es más fácil poder perseverar.

Cuando ganas, suma; cuando pierdes, suma. Cuando no juegas, resta. Por lo tanto para mí era cuestión de ir sumando y aprendiendo, a la vez que toleraba mejor la ansiedad y el estrés, a no vincular mi estado de ánimo a un resultado incierto.

Repito: me vinculaba al proceso, a disfrutar del mismo y a comprender que en la victoria, debía mantener una actitud prudente, ausencia total de euforia; en la derrota, ausencia de tristeza: sólo aprendizaje, entrenamiento, entrenamiento, entrenamiento.

Sumando experiencia, iba a tener, más tarde o más temprano, un mayor índice de éxitos.

Estaba dispuesto a enfrentarme a situaciones no deseadas para alcanzar mi meta, así que, según parece, mi mente se dijo un día: *este tipo va completamente en serio, no le importa sufrir, parece que sólo le importa lo que se ha propuesto... voy a dejar de dificultarle el camino y mejor me sumo a la causa.*

Nunca olvidaré que, al principio de practicar Aikido, me sentía absolutamente fuera de lugar, inseguro y torpe. Pero días después me enfundé mi traje de práctica, mi *keikogi.* Ese día me sentí más seguro y más vinculado a la práctica. Más tarde llegó la *hakama,* una curiosa falda pantalón que procede de la caballería samurái, según se cuenta, y que es el hábito del guerrero: su uniforme.

Se dice que el hábito no hace al monje, y puede que sea cierto, pero cuando llevas el hábito, cuando te enfundas tu traje de batalla, cuando mediante simulacros y, por qué no decirlo claro, fingiendo ser un guerrero, en realidad, te acabas sintiendo un guerrero.

Todo ayuda: el adoptar unas reglas de respeto, cortesía y disciplina; también las posturas que adoptamos al practicar: cuerpo erguido, pies afianzados en el suelo, barbilla apuntando al compañero que toma el rol de adversario; las manos en posición de guardia... Al cabo de poco de tiempo de práctica continua nos sentimos más seguros, nuestra autoestima aumenta, el estrés ante situaciones de riesgo se reduce.

Creer para ver. Al actuar como un triunfador, como un guerrero poderoso con respuesta para cada reto que se le plantea, te acabas sintiendo así, y eso equivale a serlo.

Todos podemos recordar alguna situación en las que se han encadenado una serie de resultados muy positivos, uno tras otro. Es lo que algunos llaman «estar en racha». Pero ello no depende tanto de la suerte como de la convicción de ser un triunfador. Para ser un triunfador hay que sentirse bien con los procesos. De esta manera, nuestra mente nos premia los comportamientos y actitudes que nos conducen a dicho estado óptimo.

Tu cerebro acaba vinculando tus acciones a tus estados de ánimo, por ello cuando inicias una acción dando por sentado que ella te llevará a conseguir una meta agradable, el subconsciente te apoyará.

De la misma forma, podemos asistir a un evento deportivo; a la proyección de una película atractiva con una trama arrolladora y llena de emoción, con efectos especiales espectaculares: si utilizamos nuestras capacidades de análisis lógico, es probable que no lleguemos a disfrutar de la experiencia.

En cambio, cuando suspendemos nuestros estados críticos y nos dejamos envolver por todos estos efectos y emociones, entramos en un trance en el cual no analizamos si es real o no lo que vemos, sino si lo estamos disfrutando, y de hecho lo hacemos, con la fantasía que se le presenta a nuestros sentidos.

Me ha pasado alguna vez al estar escuchando una canción y tamborilear con los dedos, imitando a la batería, y estar haciéndolo genial justo hasta el preciso momento en que he tomado conciencia de lo «genial» que estaba haciendo: por algún motivo, al entrar mi razonamiento lógico en la ecuación, todo se ha deshecho como un castillo de naipes, mis dedos no respondían como antes y he empezado a cometer errores.

Mi sensación era que había momentos en los que estaba conectado a algo superior a mí.

Alguna vez un alumno me ha dicho que le gustaría tomarse una pastilla y saber lo que yo sé. Esto no es posible, y en caso de serlo, nunca podría ser lo mismo. Nuestro cuerpo necesita tiempo para interiorizar los movimientos, las actitudes, los procesos. Convertir esa información en algo útil, conocimiento y, cuando ya es posible aplicarla sin pensar, entonces sabiduría. Pero no hay otra manera que la de practicar sostenidamente, incansablemente. La recompensa no es lo que consigues, no es un cinturón o una medalla: la recompensa es haber tenido el coraje de resistir todo el proceso y, eso, es algo que nos llevaremos hasta la tumba. El haber hecho todo lo que estaba en nuestras manos para conseguir todo lo que somos capaces de conseguir es ya, en sí, un logro maravilloso.

Habernos medido correctamente, sabiendo quiénes somos y qué queremos, hace que podamos alcanzar logros que nos aportarán situaciones de placer. Hay que saber premiarse cuando uno ha hecho todo lo que estaba en su mano. Prémiate cualquier pequeño logro, sin caer en la complacencia.

Nuestro cerebro funciona con neurotransmisores, con elementos químicos que nos hacen sentir placer u otras emociones. Si nunca nos premiamos, si nunca vivimos con delectación los pequeños placeres, los pequeños retos alcanzados, nuestro cerebro puede llegar a dejar de secretar esas sustancias que tanto necesitamos: podemos perder la capacidad de sentir placer.

Ser catastrofistas no nos conduce a ninguna parte. Concentrémonos en el presente, ya que muchas veces sufrimos por algo que sólo está en nuestra imaginación: escenarios inventados por nuestras ansiedades y miedos más absurdos.

Muchas personas, para tratar de conocer el futuro, no escatiman en gastos, quitándose el pan de la boca para ir a consultar a videntes y adivinos. No es que no pueda existir alguien con capacidades así, pero nunca olvidemos la cita de Cicerón: «Dos augures no pueden mirarse sin echarse a reír».

La mayoría de las personas que se dedican a leer el futuro son farsantes o personas que inconscientemente pueden descodificar tu lenguaje no verbal y hacer suposiciones afortunadas basadas en afirmaciones generalistas con las que nos queremos sentir identificados. Porque nadie que no sufra de algún modo va a consultar a un adivino.

Es cierto que cuando uno inicia la búsqueda, lo hace movido por necesidades o situaciones muy serias. Todo inicio de búsqueda de verdades trascendentes suele nacer de una pérdida, de una desilusión; de la necesidad de manejar las propias emociones, de encontrar consuelo y sentido. Pero sigo pensando que, cuando uno encuentra ciertas «respuestas» —que jamás son absolutas, naturalmente—, empieza a sentirse francamente divertido.

Celebra todo lo que pueda ser celebrable y, celebremos. Porque esta es la vida que tenemos, y si hay otras después, antes, o universos paralelos, no podemos saberlo a ciencia cierta. Pero no deberíamos estar dispuestos a sacrificar todo por algo que no podemos asegurar que llegará. Podemos ser lo mejor que podamos, atendiendo a nuestra mejora espiritual simplemente porque es bueno hacerlo; es más: porque es bello hacerlo. Y necesariamente, si es bello, debe contener una medida de placer y de deleite importantísima.

Espirituales, vivos, felices y divertidos.

6
El Sendero del Análisis

No puede hallarse ningún hecho
que sea verdadero o existente y ninguna
afirmación verdadera, sin que haya
una razón suficiente para que sea
como es y no de otro modo; aunque
con mucha frecuencia estas razones
permanezcan ocultas para nosotros.

GOTTFRIED LEIBNIZ

LA VIDA NOS REGALA una inmensa cantidad de experiencias. Muchas de ellas dolorosas, aunque también las hay felices. Cuando las circunstancias son felices, las vivimos tan a tope que nos pasan volando. El tiempo, elástico en su percepción, pasa a toda velocidad, dejándonos un sabor a brevedad. La felicidad es un estado mental que parece evanescente.

En cambio, la tristeza y el dolor obligan a nuestra mente a tomar conciencia de cada minuto, de cada segundo en los que permanecemos lejos de la felicidad. Cuando las circunstancias son adversas, nos acomete un enorme sentimiento de injusticia. Es tan sumamente doloroso que nuestra mente sólo dirige su mirada buscando un punto de luz que nos indique la salida.

En muchas ocasiones, cuando el peor momento ya ha pasado, queremos olvidar todo y sencillamente anestesiarnos con el alivio. Esto es normal. No obstante, si algo he aprendido con la experiencia de pasar una y otra vez por situaciones dolorosas o poco afortunadas, ha sido que cuando dedicamos un tiempo a observar y analizar no sólo lo que hemos sufrido, sino buscar las causas que han podido provocarlo, nos encontramos con injusticias cometidas por otras personas, por la sociedad o por la naturaleza. Pero, no es menos cierto, también podemos encontrar ciertas conductas, palabras o pensamientos propios que han sido coadyuvantes en la detonación del trance amargo.

Cuando observamos con sinceridad las partes en las que, con nuestra inconsciencia, hemos ayudado a provocar el sufrimiento, somos capaces de pulir y reconducir nuestros pensamientos, palabras y conductas de tal manera que seamos capaces de tomar de antemano un camino mejor.

Otra cosa que nos ayuda es ser capaces de volver al momento amargo y buscar en qué medida nos ha ayudado pasar por ello para mejorar, evolucionar y crecer.

Extraer las lecciones que nos aporta el sufrimiento es vital. Una vez extraídas las enseñanzas, haremos muy bien en dejar marchar el dolor y centrarnos en el momento presente.

Estando en plena conciencia del aquí y ahora, con el bagaje impagable de nuestros aprendizajes, podremos ser capaces de desarrollar una enorme intuición y evitar, en la medida en que esto sea posible, cometer errores irreparables que nos conduzcan al sufrimiento.

Si bien muchas veces podemos vivir circunstancias dolorosas, el hecho de no cargar con culpa ni vergüenza nos hará el trance mucho más llevadero.

He aprendido también a observar a los demás; aprendiendo por observación, viviendo la experiencia vicaria, al poder sentir el sufrimiento de otras personas y comprender qué les ha llevado a estar inmersos en tan dolorosa situación.

Aprender, como dijo Séneca, no sólo de los propios errores, sino de los ajenos, nos aportará mayor sabiduría, y por ende, mayor intuición.

Las creencias, en un momento dado, tienen su utilidad —que no es poca—, y ahí aprendí otra importante lección: No es del todo importante cuan ciertas o falsas sean unas creencias, lo importante es que te permiten ir de un lugar emocional a otro. Te facilitan el camino, no porque sean reales o ficticias, sino porque pueden ser útiles y funcionales, porque en muchas ocasiones te ayudan a construir una realidad en la que todo encaja y tiene sentido.

Se puede discutir mucho sobre la realidad objetiva, pero es realmente más importante encontrar qué pintamos nosotros en un hecho.

Todos, más tarde o más temprano, nos tenemos que enfrentar a nuestros sueños. Si bien imaginar éstos puede ser un acto de abstracción que nos conduce a una cierta liberación de la realidad para sustituirla por una ficción agradable, ayudando con ello a nuestra mente a sentirse aliviada, no es menos cierto que, a fuerza de pensar en algo, nuestro cerebro inconsciente nos va dirigiendo hacia el punto imaginado.

Visto así no parece grave ni ominoso, y no es que lo sea. Pero cuando hay que enfrentarse a la consecución de un sueño, cuando hay que asumir una realidad que, hasta el momento, pertenecía al mundo de las ilusiones y fantasías, nos damos cuenta de que se requiere mucho valor para afrontar las implicaciones profundas y laterales de alcanzarlos.

De entrada, uno puede querer tener un trabajo que le permita ganar mucho dinero, tener un gran reconocimiento social, pero puede que se encuentre, llegado el momento, con que tales sueños no preveían cómo dicho logro puede afectar a su vida familiar, a su vida social.

Tal vez tengamos que pasar demasiado tiempo alejados de la familia. Quizás ya no veamos a nuestros amigos, y no podamos disfrutar alegremente de las diversiones que antes eran cotidianas y a las que no dábamos importancia.

Puede ser que el alcanzar cierta cota de éxito profesional te cambie necesariamente. O cambie la percepción que tiene de ti tu círculo habitual de relaciones. Incluso es posible que te veas en la obligación de establecer límites.

Es por ello que es de capital importancia, cuando deseamos algo, desentrañar todas las circunstancias que dicho resultado nos acarreará.

Es verdad que muy poca gente habla de la ecología personal y familiar, pero es fundamental elucidar en qué desembocará realmente nuestro éxito, no sólo la parte positiva e idealizada, sino la parte más importante tal vez: la de la cotidianidad. Esa parte gris en la que todos nos aburrimos y en la que, incluso, podemos exasperarnos. Porque como seres humanos, nos cuesta especialmente valorar la situación en la que nos encontramos de una forma equilibrada y realista. Por ello, cuando el anhelo se hace tangible, chocamos contra él como contra un muro de piedra. Tal vez nos dejemos arrastrar por un tiempo breve por la embriaguez y tratemos de ocultarnos a nosotros mismos las circunstancias no deseadas que acarreará, pero éstas acabarán apareciendo al cabo con toda su fuerza. Dichas eventualidades pueden hacernos sentir un amargo sabor de boca, y es justo ahí cuando hay que pararse a reflexionar: ¿acaso ya no queremos el éxito?, ¿no valoramos ya lo conseguido?, ¿empezamos a desear inmediatamente otra cosa?

He vivido estos procesos que describo. Y mientras pasaba el tiempo, iba viendo en mí cambios significativos. Desde luego no era milagroso, pero era un trabajo que iba dando resultados. Avanzaba: estaba dando forma a mi futuro, que empezaba a ser mi presente, en lugar de soportar simplemente lo que viniera. Sentía la libertad de mejorarme a mí mismo, con la confianza de que cuando uno mejora, las circunstancias también lo hacen. En realidad, no podía pensar en cambiar el mundo, que era lo que muchas veces yo pensaba que estaba mal. Y el mundo no está bien, desde luego. Pero lo cierto es que sí podía, sin lugar a dudas, mejorar mi manera de verlo, podía reaccionar de forma diferente a los acontecimientos que yo no elegía conscientemente y que a todas luces me eran adversos.

Me empecé a sentir libre. Libre de decidir mi destino, de hacer de mí un bastión, una fortaleza capaz de albergar no sólo sabiduría, sino también amor. Libre de las cadenas de la piel que me ataban a unos patrones de comportamiento, heredados en parte, y elegidos por resultarme cómodos. Libre, al fin, de la sensación de que no era libre. Citando a Martin Buber: «Liberarse de la creencia de que no hay libertad es en realidad ser libre».

Para ello necesitaba perdonar a los que me habían hecho daño, entendiendo que su comportamiento, aunque dañino, era el único que conocían aquellas personas. Pero sobre todo necesitaba perdonarme a mí mismo: entender que mis conductas y mis pensamientos, por malos, negativos y destructivos que hubieran sido, habían jugado el papel de protegerme, y aun reconociendo que eran conductas insanas, perdonarme, ya que ahora estaba construyendo, programando nuevas y mejores conductas, así como nuevos y mejores pensamientos.

Había prestado atención a mi dolor, porque pensar en mis conductas negativas me hacía daño; pero, ¿no lo hacemos todos? Me refiero a prestar atención al sufrimiento, al dolor. Un dolor que, por otra parte, nos ayuda a crecer y ser mejores personas si extraemos las lecciones que nos ofrece.

Un maestro severo que nos señala el error y las consecuencias del mismo; pero también un maestro que debemos abandonar cuando ya hemos recibido su enseñanza.

La parábola de la balsa aparece en uno de los sermones del Buda, el «Sutra de la Serpiente» (*Alagaddupama Sutta*), de esta manera:

Suponed que alguien, transitando por un camino, llega al borde de una vasta extensión de agua. La costa en la que se encuentra el viajero es insegura y temible, mientras que la opuesta es segura y libre de peligros. Pero hete aquí que no existen embarcaciones ni puentes para cruzar al otro lado. El hombre, ante esta situación, piensa: *¿Qué tal si recojo ramas, cañas y palos y los ato todos juntos para fabricar una balsa?* Hace esto y, ayudándose de sus piernas y brazos, cruza hasta la otra orilla. Una vez allí, vuelve a cavilar: *Esta balsa me ha sido, sin duda, muy útil: ¿Debo cargarla sobre mis hombros y seguir el viaje con ella?*

—Qué pensáis, monjes —interrogó el Buda—, ¿que cargándola sobre sus hombros el viajero hace lo que debe con la balsa?

—No, señor —contestaron ellos—. El hombre debe dejarla, ya sea en tierra o flotando junto a la costa.

—Si esa es vuestra respuesta, monjes —concluyó el Buda—, entonces debéis percibir que el *dharma* [doctrina de Buda] no es más que una balsa muy útil para cruzar de la orilla de la ignorancia y la esclavitud a la de la sabiduría y la liberación, pero que una vez cumplido su cometido debe ser abandonada. Y si es necesario dejar de lado la buena enseñanza cuando ésta ya ha cumplido su propósito, con mayor razón debe descartarse una enseñanza falsa.

En cambio, nunca prestamos tanta atención al placer y a lo afortunado, como lo hacemos con el dolor y el sufrimiento, que arrastramos larga y penosamente cuando ya ni siquiera tiene una utilidad.

La felicidad y el bienestar los damos por sentados, convirtiendo lo bueno en efímero: en fugaz placer alado que nos sume en el vacío y el estupor cuando lo hacemos desaparecer al dar por sentado tantos y tantos motivos por los que, si reflexionamos un poco, deberíamos sentir una enorme gratitud.

Y es que es como una maldición para estúpidos no prestar atención a la salud hasta que nos encontramos enfermos; no sentir gratitud por poder comer y satisfacer nuestro apetito, ahorrándonos sentir cómo el hambre nos retuerce las entrañas; no disfrutar de lo que sí tenemos, temiendo lo que no tenemos o temiendo no tener lo que tenemos, para, entonces, rebajar nuestras expectativas y recordar con nostalgia lo que no hemos sabido o querido valorar.

Es por ello que insisto: en mi experiencia, es inaplazable hacer una memoria aplicando la lógica retrospectiva y procurar averiguar cómo encajan los acontecimientos que nos han ocurrido con nuestro presente inmediato. Por lo general nos encontramos uniendo puntos mediante una línea trazada con el lápiz de nuestra experiencia, cuyas líneas completarán el dibujo perfecto de nuestro presente. Sólo nos queda confiar en que cada acontecimiento forma parte de ese dibujo invisible cuando miramos hacia el futuro, pero completamente claro cuando miramos hacia el pasado.

Cada uno ha de extraer su propia lección.

7

El Sendero de la Bondad

Convierte en hábito dos cosas:
ayudar, o como mínimo, no hacer daño.

HIPÓCRATES

TODOS NOS HEMOS SENTIDO, en algún momento, víctimas de la crítica feroz, de la maledicencia y la envidia.

Cuando esto me ocurría, solía reaccionar de forma visceral, generando resentimientos, odios y luchas abiertas. Lo peor, sin embargo, era que no conseguía, mediante mis reacciones, eliminar la causa de mi dolor.

Pensé en qué circunstancias saltaban los resortes de mis mecanismos defensivos. Qué palabras y acciones, por parte de los demás, me hacían sentir herido y, sobre todo, provocaban en mí una reacción agresiva.

Esta introspección me llevó a reconocer cuán susceptible era yo a ciertas palabras, bromas o actitudes por parte de los demás. Tras esas palabras o acciones por parte de terceros, existía un sentimiento dentro de mí que era envenenado al contacto con ellas.

Era como una mezcla explosiva. Ciertos compuestos químicos son absolutamente inocuos por sí mismos, pero al contacto con otro compuesto pueden explotar o convertirse en llamas.

Esa reflexión era la que me iba a ayudar a crecer.

Tal vez no eran sólo las palabras de los demás, o sus acciones, las que provocaban mi sensación de sentirme herido. Por el contrario, había algo dentro de mí que provocaba que la reacción se hiciese efectiva.

Todos en algún momento hemos sentido que el mundo estaba en nuestra contra, que las personas debían cambiar. Probablemente no pensábamos en la parte de responsabilidad que teníamos. Pero si nos sentimos heridos y observamos que reaccionamos automáticamente con nuestros mecanismos de defensa, es que el asunto no sólo es responsabilidad de los demás, sino que contenemos en nuestro interior una parte de la carga, un componente que es susceptible de estallar al contacto con lo que nos dicen o hacen.

Pensé que, aunque no por ello los comportamientos o palabras de los demás fuesen correctos o inocuos, yo podía desactivar o neutralizar la explosión cambiando mi componente reactivo interior.

Para ello se requería una importante labor de descubrimiento de mis resortes ocultos, de mis traumas y de mis inseguridades, que fue de todo menos sencillo.

Podemos sentir en algún momento que tenemos todas las razones para odiar en nuestro interior a alguien por una ofensa. Pero independientemente de si es correcto o no, deberemos admitir que, cuando alguien es capaz de conseguir que cometamos tal acción, aun incluso en la intimidad de nuestro corazón, le estamos otorgando un gran poder a nuestro adversario.

> [...] No resistan al mal; antes bien, al que te dé una bofetada en la mejilla derecha, ponle también la otra.
> El evangelio según san Mateo 5:39

Comprender que quien nos ofende no es feliz ya nos puede ofrecer un cierto consuelo. Cuando hablo de compasión, de comprensión y de aceptación, no lo hago con un sentimiento pasivo. Si todos fuésemos muy felices, con dificultad tendríamos tiempo para angustias absurdas, para luchas y heridas. Alguien que es feliz no se preocupa de buscar cómo dañar a otros. Por ello, cuando alguien nos hace daño, nos ofende o nos perjudica, haríamos bien en comprender, tal vez, que esa persona puede no ser feliz.

Esto no nos debe conducir a la idiotez. Comprender no es justificar.

Es necesario, para ser feliz y tener una vida plena, vivir sin rencores ni resentimientos. Esto es muy difícil. Pero muchas veces lo hacemos más difícil creyendo que perdonar es aceptar. Perdonar podría ser, y sólo es una idea que a mí me ha servido bien, vivir en paz con lo que nos han hecho. Pero no necesariamente olvidar quién o qué nos ha hecho daño.

Sin ningún resentimiento seríamos más sensatos, posiblemente, si recordáramos las ofensas sin carga emocional que nos permita tener una clara estrategia y no permitir que alguien dañino nos pueda volver a herir. Observar y aprender del tipo de personas que nos dañan y no dejarles lugar para sus luctuosas actividades.

Lo correcto es no dar combustible, o quitárselo, a las acciones que nos dañan, a las actitudes y conductas que nos agreden, y que, si bien pueden proceder de otras personas, tienen un reflejo en el espejo de nuestra alma que les permite actuar.

La compasión podría ser el comprender que, en muchas ocasiones, alguien nos ha dañado porque se siente mal, porque está en un momento difícil y que, si miramos honestamente en nuestro interior, podemos ver que nosotros hemos cometido el mismo mal muchas veces. Cuando alguien te daña en el transcurso de un mal trance, podemos tratar de elucidar si dicha acción contiene mala fe o simplemente es fruto de un momento de descontrol.

No hay más poderosa defensa que la bondad.

En contra de este argumento, muchos dirían que ser bondadoso puede conducirnos a que nos hieran, pero nunca es algo externo lo que nos causa mayor sufrimiento, sino aquello que, dentro de nosotros, reacciona y es sensible a un estímulo externo.

Vivir debe significar algo distinto a estar a la defensiva, pensando en el mal que puedan hacernos los demás; en si nos tomarán por bobos, en si creerán que somos unos ingenuos.

Es este un problema del ego, que está interfiriendo en nuestra experiencia no sintagmática, no lineal, del Vivir.

Estar constantemente pensando en el daño que nos puedan hacer, en lo que pensarán de nosotros, nos convierte o puede convertir en seres amargados y constantemente estresados. Hacer lo que es bueno hacer es una premisa creo que sencilla y poco discutible.

Todos podemos errar, ¡ay!, yo lo he hecho muchas veces. Ser bondadoso no es ser perfecto. He cometido tantas faltas y he sido tan egoísta en tantas ocasiones, que si tuviera que estar recriminándome mi comportamiento no tendría tiempo para nada más.

Sí, me he equivocado y he sido injusto. He aprendido las lecciones, doliéndome el alma, viendo cómo he dañado a alguien; pero una vez extraída la lección pertinente, he hecho voto de comportarme mejor en adelante y he lanzado el recuerdo al pozo de lo que ya no tiene utilidad para mí.

Cuando alguien viene y me dice: «Tú hiciste esta cosa negativa», no me defiendo, no me pongo la armadura de las racionalizaciones, de las justificaciones —que siempre existe alguna— ni trato de zaherir defendiéndome con un ataque. Más bien procuro arrojar luz sobre la situación. Y nunca me duele pedir disculpas, eso no me hace menos hombre o mujer, menos persona, menos inteligente o menos atractivo y, en todo caso, me da igual.

Creo que podemos ahorrarnos una gran cantidad de ansiedades y de dolor innecesario simplemente reconociendo qué hemos hecho mal, pidiendo disculpas si es pertinente y desnudándonos para ofrecer el pecho abierto.

Si por el contrario nos acusan injustamente de algo, tampoco es una gran táctica el ponerse a la defensiva. Tal vez sea mejor sonreír —o tal vez simplemente llorar—. Cuando alguien nos critica de forma cruel, tal vez sea mejor buscar la forma de halagarle, seguro que esa persona tiene una cualidad que se pueda resaltar. Creo recordar que fue Sigmund Freud quien dijo: «Uno puede defenderse de los ataques; contra el elogio se está indefenso».

Es bien cierto que creer que los demás son buenos por naturaleza y que su esencia es amorosa, tal vez suene un tanto ingenuo, idealista. Tratar a las personas con amor y con un sincero interés por su bienestar, puede sonar en este mundo a candorosa insensatez.

Y también es cierto que creer que todos son malos y que quieren dañarnos, que son arteros y criminales, es una majadería obtusa.

Ni lo uno ni lo otro, ni blanco ni negro. Ni mucho ni poco, ni todo lo contrario. Toda generalización contiene una medida insoportable de injusticia.

Actualmente, vivimos en una crisis desatada por el excesivo deseo de beneficiarse de los demás, de obtener toda clase de lujos y diversiones a cualquier precio. Es una crisis provocada por todos, por los consumidores y, en gran medida, por los bancos. Pero es, sobre todo, una crisis nacida de la incontinencia. Concebida en la persecución incesante de placeres.

Lo delicado es que los placeres son, por lo general, reacciones emocionales ante estímulos externos. En cambio, la plenitud y la felicidad nacen de la íntima emoción de los logros alcanzados, de las metas conseguidas, del amor y de la confianza.

El que se lidera a sí mismo tiene una enorme responsabilidad que empieza por su propia visión y la coherencia de sus acciones. Debe definir claramente sus metas y no confundir objetivo con resultados.

Puesto que he definido a dónde me dirijo, cuál es mi propósito, me siento lleno de fuerza para expresar mis valores, a la vez que me siento liberado para vivir una experiencia confiada e, incluso, radical.

Desde mi posición de *sensei*, en la que ejerzo un cierto liderazgo, es fácil que se acabe viendo a los alumnos como a un grupo. Es difícil, ciertamente, preparar una clase para cada persona. Lo normal es «el café para todos». Pero hay que tomarse la molestia de conocer a cada uno de los alumnos y proporcionarles una enseñanza personalizada.

«Gobierna un gran Estado como si cocinaras un pequeño pez», dice Lao Zi, lo que sugiere la idea de la atención a los detalles. Un genuino interés en cada persona, para que, a su vez, dicha persona genere la actitud de interesarse por más personas.

Influimos a nivel consciente o inconsciente en los demás. Les aportamos experiencias y conocimientos que les pueden conducir a un estado personal mucho mejor. Eso ayuda a hacer mejores personas, a la vez que te hace mejor persona. Una sola injusticia contiene toda la aflicción del mundo.

Por ello, cuando doy mis clases, procuro mostrarme como la persona que soy, no como una figura autoritaria e idealizada. Es fácil fingir durante unas horas, pero resulta que tengo alumnos que están conmigo desde hace muchos años, y no hubiera podido engañarles todo el tiempo. Por ello, me muestro como una persona normal, que es lo que soy. A algunos no les gusta esto, a otros les da igual cualquier cosa que no sea el Aikido que les enseño; otros se sienten encantados conmigo y tienen una relación que, con el tiempo, se asemeja más a una amistad. Procuro liderar con el ejemplo. Pero tampoco me preocupo de caerles bien a todos: es sencillamente imposible. Mi trabajo en señalarles los errores, para que puedan corregirlos, con la conciencia de que yo, no sólo me he equivocado muchas veces, sino que lo sigo haciendo constantemente.

Hay una historia budista que me marcó profundamente:

Narra que un monje mendicante llegó al monasterio a quejarse con el abad. El abad era un sabio maestro con una gran experiencia. Le pidió al joven monje que le explicara por qué estaba tan agitado. El monje, muy enojado, le explicó a su maestro que había ido a pedir limosna, como era costumbre, al pueblo más cercano. Allí se vio vituperado por algunos habitantes del mismo que estaban pasando una mala época con las cosechas.

—No lo puedo entender, maestro —decía el indignado monje—, cuando ellos vienen a que les ayudemos a curar sus enfermedades del cuerpo y de la mente, bien que nos lisonjean y hacen promesas de contribuir para que el monasterio pueda seguir funcionando.

El viejo maestro le miró lleno de compasión y le preguntó:

—¿Quieres ser relevado de la obligación de ir a pedir limosna al pueblo?

—Sí, maestro —dijo el joven monje en el acto. Puedo hacer cualquier cosa que me pida: arar la tierra, limpiar las malas hierbas, fregar el suelo de las letrinas... ¡cualquier cosa menos volver a soportar las ofensas de esos ingratos!

—Está bien, está bien. No te excites —dijo el maestro con una sonrisa apenas disimulada—. Te voy a confiar una tarea que, quizás, te parezca extraña, pero que estoy seguro que podrás realizar si no me he equivocado al evaluarte.

—Sí, maestro, soy su hombre —dijo el joven, estimulado con la sugerencia de su maestro—.

—Mañana, a primera hora, deberás ir al cementerio. Deseo que limpies todas las tumbas, que las acicales y les pongas flores frescas. Tras esto —continuó el viejo abad —, deberás hacer una plegaria por el tránsito auspicioso de sus espíritus hacia el nirvana. Cuando vuelvas, tendrás que venir a darme un informe que, en ese momento, te pediré.

—Así lo haré, maestro —respondió el joven lleno de gratitud por serle conferida una misión en la que podía mostrar sus cualidades compasivas.

Al día siguiente, al atardecer, cuando las sombras regalaban destellos dorados y rojos a las figuras de los Budas, el monje se presentó ante su maestro, el viejo y sabio abad del monasterio.

—Maestro, obré tal como me ordenaste.

—Y bien, mi joven amigo. Tras todos tus esfuerzos y plegarias, tras adecentar las tumbas de los muertos, confiadme: ¿alguno de ellos se comunicó contigo para agradecerte tus esfuerzos?

El joven monje pensó por un momento que, tal vez había ejecutado mal su práctica y que no había estado atento a alguna señal del más allá.

—Maestro, le he fallado. No esperaba que hubiesen de enviarme un mensaje... —decía el monje lleno de tristeza—, pero... ¡puedo volver mañana y repetirlo estando más receptivo!

—Oh, mi querido aprendiz, así lo temo: mañana volverás al cementerio. Pero en cambio —dijo el viejo maestro—, lo harás para destruir las flores. Orinarás sobre los túmulos y ofenderás con toda clase de insultos soeces la memoria de los muertos.

—Se hará como ordenéis, maestro —respondió el monje con un hilo de voz y temeroso por la tarea que le había sido conferida, tal vez temiendo la venganza de los muertos.

—No olvides, joven monje, presentarte ante mí al finalizar el día y exponerme tu informe.

El joven monje partió al día siguiente a ejecutar las luctuosas órdenes de su maestro.

Al finalizar el día, cuando la noche empezaba a hurtar los colores a la vista de los hombres, el joven monje, sucio y maloliente, se presentó ante su maestro.

—Querido joven, ¿cómo te ha ido el día?

—Muy mal, maestro. Ha sido desagradable y, he de reconocerlo, he pasado mucho miedo.

—Bien, lo comprendo, joven aprendiz —dijo el maestro ocultando un atisbo de sonrisa en una máscara de indiferencia—. Pero dime: ¿han dicho algo los muertos?, ¿acaso alguno te ha insultado o amenazado por tus reprobables acciones?

—No, maestro. En verdad que yo tuve miedo, pero ninguno se comunicó conmigo.

—Has cumplido con tu misión de forma admirable. Ahora vete y, en adelante, actúa como un muerto —sentenció el maestro.

Si estamos esperando que nos adulen y halaguen para entonces dar el primer paso y hacer algo positivo, sólo estamos contribuyendo a que las cosas sigan tan mal como están. Si estamos esperando a caerle bien a todo el mundo o a que todos hablen bien de nosotros, será ésta una espera inútil.

Más bien, con nuestros defectos y faltas, sabiendo que algunos nos criticarán y se mofarán, demos un paso adelante para cambiar las cosas, para ejercer una influencia positiva en los que nos rodean. Esto es ser un héroe, esto es ser un líder. Tanto si nos halagan como si nos critican, si nuestro objetivo está bien calibrado y sabemos lo que queremos conseguir, seguiremos adelante con una guía clara.

No devolvamos las críticas, no nos defendamos de ellas: arrojemos luz sobre los asuntos, reconozcamos sin miedo nuestros errores y defectos. Una vez uno ha dicho todo lo que tiene que decir sobre cualquier cuestión sólo puede ir hacia adelante.

Es incluso posible que, en algún caso, salga una persona de nuestro pasado diciendo que nos conoce y que no somos todo lo que decimos ser, o que antes hemos hecho cosas que deberían avergonzarnos. Todo el poder de esta persona reside en la maldad. Y toda nuestra debilidad reside en el hecho de querer defendernos de sus infamias. No es necesario otorgar tal poder a nadie: más bien debemos centrarnos en hacer lo correcto y no dejarnos distraer, porque si caemos, ¿quién tomará el relevo? Somos imperfectos, hemos hecho cosas que nos avergüenzan, hemos tratado injustamente a alguien, hemos sido crueles o nos hemos dejado arrastrar por una baja pasión: bien, somos humanos. Y por ello, porque somos humanos, porque no somos perfectos ni nunca lo seremos, porque nos enfrentamos a nuestra peor cara poniéndola al descubierto, repito, por ello somos héroes, por ello podemos marcar a fuego la diferencia y galvanizar a los que nos rodean con nuestros ejemplos de superación personal.

No hay mayor influencia, ni más positiva, que la que resulta de un hombre o una mujer que, superando sus vicios, defectos y bajas pasiones, resurge con todo su brillo, tras pulir una y otra vez todas las capas de su imperfecta humanidad, y señala el camino que le ha llevado a ser mejor de lo que era.

EL PODER DE NO ENGAÑAR

No todo vale. No podemos jugar a tratar de llegar a una posición en la que podamos influir sobre los demás —enseñarles—, mediante tretas oscuras y devaneos con la mezquindad y la moral distraída.

El líder auténtico, el verdadero maestro, guía, mentor o como quieras llamarlo, bajo mi punto de vista —que no es más que la proyección de mis deseos y preferencias—, es una persona íntegra y honesta, congruente, entera.

Todos podemos ser seducidos por la idea de conseguir más «clientes», más alumnos, más... ¿seguidores? Pero el caso es que, como ya he dicho, no todo vale. El líder tiene una pequeña parte de poder y una enorme parte de responsabilidad, entre las que se encuentra el ejercer una virtud poco común: el poder de no engañar.

Hace un tiempo, un amigo mío que no practica artes marciales pero que admira mi trabajo, trajo consigo al *dojo* a un conocido suyo que trabajaba en el ámbito de la seguridad pública: un funcionario de prisiones.

Esta persona, en concreto, había peregrinado por varios centros donde se impartían clases de artes marciales buscando una disciplina que le salvara de las situaciones peligrosas que, como podemos todos imaginar, conlleva su trabajo.

El caso es que, con muy buen tino, en todas partes le habían dicho que no existe ninguna disciplina marcial que garantice que, en una situación de riesgo —como por ejemplo que te ataquen con una «navaja»—, serás inmune con, además, el mínimo entrenamiento.

Mi amigo, que es muy generoso conmigo, le dijo a este chico que lo acompañaría a hablar conmigo, puesto que yo era el mejor y que me había visto en combate y podía defenderme de cualquier cosa. Mi amigo era demasiado generoso y más iluso aún.

Allí vinieron ambos, observaron una de mis clases y, cuando terminé, fui a saludar a mi amigo y a su acompañante, el funcionario de prisiones.

—Hola, Salva; mira, te traigo a mi amigo, que es funcionario de prisiones —me dijo mi amigo—. El caso es que ha ido a varios sitios a preguntar informes para aprender defensa personal y en todos le han dicho que sin mucho entrenamiento es muy difícil aprender a defenderse de forma adecuada. Yo le he dicho que tú sí puedes enseñarle de forma rápida y que, en muy poco tiempo, no habrá «tío» que le pueda tocar un pelo.

Sonreí. Miré al funcionario y le dije:

—Todos los instructores a los que has ido a ver te han dicho la verdad. Puedo darte algunos consejos sobre qué hacer si te enfrentas a una persona armada con un cuchillo o algo similar, pero debes saber que, lo más probable es, aunque puedas reducirle, que te lleves algún corte o pinchazo. No existe ningún atajo para aprender a defenderte sin invertir muchas horas de entrenamiento. De la misma manera —le dije—, no existe ningún arte marcial perfecto.

Pueden imaginar la cara de mi amigo y la del funcionario.

Mi amigo creía que me hacía un favor trayéndome a un muchacho para que se inscribiera en mis clases, pero como buen promotor inmobiliario, sólo le leyó al muchacho los titulares; omitió la letra pequeña.

Ante esta situación yo podía decidir no dejar en mal a mi amigo. También podía decidir atraer al funcionario, dándole a entender que podía ayudarle como él esperaba, sugiriendo que podía enseñarle «el mejor sistema de artes marciales», y después, una vez inscrito, le iría enseñando cómo son las cosas realmente. Pero no lo hice.

Debía enseñar a mi amigo a no exagerar y a que yo no atraía clientes y alumnos mediante promesas dudosas; de hecho no ha vuelto nunca más. Por otro lado, yo debía ejercer el poder que ostento, y ese no es otro que «el poder de no engañar».

Decir la verdad a veces es muy difícil, pero no engañar a los demás es algo que un líder tiene la obligación de hacer.

Existe un peligro oculto que, con la necesaria cooperación de nuestro ego, puede dañarnos. En ocasiones, otras personas nos llenan de halagos y nos encumbran. Debemos hacer un análisis sobre la sinceridad de dichos halagos. Me he encontrado con situaciones en las que otros hablaban bien de mí e incluso me han hecho favores, pero su finalidad no era solo reconocer mis méritos. Detrás de todos los parabienes se encontraba el deseo de utilizarme en forma de valor para ellos mismos: «Mi maestro es el mejor, realmente no todo el mundo tiene la oportunidad de estar en sus clases», cuando, lo que en realidad estaban queriendo decir era: «Soy mejor que los demás porque estoy con un gran maestro: fíjate qué especial soy y qué suerte que tengo». A eso, cuando por fin estos aduladores y advenedizos se dan de bruces con sus expectativas poco realistas, tardan muy poco en despeñarte del altar que te habían construido, llenándote de improperios, oprobio y sorpresa.

Son los peores enemigos posibles: gente que te admiraba, pero que en un momento dado han dejado de sentirse identificados contigo, o a los que no les has hecho todo el caso que ellos requieren. En cualquier caso, lo que antes eran halagos y abrazos, se acaban convirtiendo en insultos, descalificaciones y puñaladas.

Es por ello que somos responsables —cualquier líder lo es—, de no dar pábulo a los exagerados halagos o a los mezquinos intentos de otros por elevarnos a la categoría de «dioses» o «estrellas». Primero porque estamos jugando con las expectativas poco realistas y las ilusiones de personas que necesitan desesperadamente encontrar a un «maestro salvador». Por otro lado, porque nos pondremos en el centro de la diana, y más tarde o más temprano, seremos alcanzado por los proyectiles de los que nos han colocado ahí, con nuestra imprescindible colaboración, *of course*.

Aunque no lo parezca, si dejamos que esto ocurra, también estaremos dañando. Esas personas que necesitan atención psicológica y que ven en ti a un «guía», crean unas expectativas, a través de ti, para tratar de sentirse mejor. No lo hacen con mala intención, sencillamente están desequilibrados y necesitan algo que les aporte equilibrio, pero lo que no necesitan es una alucinación que los perjudique.

EL PODER DEL SUSURRO

Hace poco, el padre de una de mis alumnas más jóvenes me comentó que me había visto por la calle, caminando. Me decía que transmitía una seguridad y una calma que le sorprendieron. Él me ha observado muchas veces realizar mi trabajo en el *dojo* y sabe perfectamente a lo que me dedico, de hecho, nos ha confiado a su hija para que la instruyamos en Aikido y en la filosofía más profunda de las artes marciales. Para él es importante que su hija aprenda civismo, compasión y también, por qué no decirlo, a ser competente a la hora de defenderse de una posible agresión.

El caso es que uno puede ser observado cuando menos lo sospecha. Parece ser, según me dijo este hombre, que me veía en ocasiones por la calle y valoraba mis actitudes y mi forma de conducirme.

Esto me hizo reflexionar en lo complejo que es ser líder, maestro o tener una posición en la que los demás confían en ti hasta el punto de entregarse ellos mismos, o lo que es más, a sus hijos, para que influyas de alguna manera en su educación; para que aportes elementos que les hagan crecer y constituir una personalidad.

En alguna ocasión, conduciendo por la ciudad, he sido impaciente e incluso grosero con algunos conductores poco cívicos. La visión de este hombre podría ser muy diferente si me hubiese visto enzarzado en una discusión verbal con otro conductor, o si me hubiese observado tocando el claxon como un poseso..., afortunadamente, esas conductas ya no son en mí habituales —conduzco mucho menos—, aunque tampoco inexistentes.

He ahí la importancia del comportamiento del líder, del maestro. El líder ejerce con su ejemplo, con su Ser, con su forma de conducirse en la sociedad. Un líder lo es porque ejerce una influencia positiva en el mundo. Para ello uno debe poner en orden la propia vida, asentándose en un principio de bondad basado en las virtudes clásicas como la sabiduría, el valor, el autocontrol y la justicia.

La buena conducta es como un susurro: un mensaje subliminal que cala hondo. Por ello el líder se trabaja a sí mismo para poder expandir lo positivo, como si de una onda en el agua se tratase, en círculos concéntricos.

Tampoco debo dejarme engañar con la motivación incorrecta. Mi cometido no es gustar a los demás. Es necesario cultivar una sana indiferencia por los halagos, así como por las críticas. Gustar es una necesidad que genera demasiada ansiedad. Esforzarse en gustar a los demás es un esfuerzo baldío. Si no gustamos debemos trabajar la base de nuestra personalidad, no la seducción.

Esta conducta susurrada que tanto bien hace a los demás y a nosotros mismos, requiere que evitemos comportamientos destructivos, como el criticar a los demás, discutirles los méritos, ser sarcásticos o burlarnos de ellos. Esas conductas son criminales. Es posible que dichos procederes no maten el cuerpo, pero su felonía es más vil: el corazón y el alma son más preciosos que el cuerpo.

También es cierto que todo lo que me dedican no son halagos. También hay críticas e insultos.

Descubrir que sólo podemos ser insultados si nos sentimos insultados, es una liberación.

Sólo lo que proviene de nosotros mismos puede deshonrarnos.

Además, cuando se ejerce algún tipo de liderazgo, se tiene la visión enfocada en algo mucho más grande que uno mismo. Por lo tanto el éxito no es, para un líder, el ser reconocido personalmente, sino que lo sean sus obras. Por ello las críticas no deben afectarnos demasiado. Como líderes, queremos desatar el potencial de los demás, buscamos un mundo mejor, no un mundo que nos reconozca. Como el médico que asiste a un parto, el fruto de la acción no nos pertenece.

Los bocazas, los jactanciosos y los criticones acaban amargados y apartados. Esto ocurre porque aquel que critica o cotillea acaba siendo asociado a las características que describe. Dicho efecto se debe a lo que, en psicología, se llama la «transferencia espontánea de rasgos», que es una actividad inconsciente que se produce en las mentes de los que escuchan.

Reconoce en los demás tu propia desorientación vital, actual o anterior. Permíteles, en tu mente, ser lo que pueden ser con las herramientas que tienen. Dales el beneficio de comprenderles, déjales sentir sus propias emociones. Considera el hecho de que tú no has vivido sus experiencias y que no puedes saber el porqué una persona actúa de una determinada manera.

Ayuda si puedes y te lo piden, pero sé activo, no te quedes en el umbral dudoso de la conmiseración pasiva. Si no podemos ayudar, mejor no estorbar, quitémonos de en medio y dejemos que otros que sí pueden echar una mano pueda acceder al necesitado. Utiliza sabiamente la compasión como coordenada vital para crear tu plan de ruta. No compadezcas sólo a los desafortunados, hazlo también con los que tienen demasiadas facilidades, pues a ellos les es más complicado comprender las dificultades de la vida, realizar los aprendizajes más valiosos. Porque es mediante las duras pruebas de la vida por lo que conseguimos organizar y comprender nuestras emociones y, como reza en el lema délfico, conocernos a nosotros mismos.

8

El Sendero de la Disciplina

TODOS PASAMOS por estados de ánimo cambiantes, y como en un mar embravecido, a veces sentimos que no podemos seguir nadando..., y la tentación de simplemente dejarse arrastrar cuando estás tan cansado de bracear en un océano hostil es tan peligrosa... Lo cierto es que, llegados a un punto, quieres dejarte llevar, tu mente te dice que puedes dejarte descansar y te anestesia preparándote para no ser consciente del trauma ni del drama.

Me resultó más provechoso encontrar algo a lo que asirme para no desfallecer. Puesto que necesitaba centrarme en los procesos, encontré una manera de crear hábitos que me ayudaran a ir hacia adelante.

Lo encontré practicando ejercicios sencillos, que había de repetir día tras día.

Tres veces al día: al despertar, después de comer y antes de dormir.

Comenzaba las mañanas con una meditación de agradecimiento por poder despertar un día más, y por todas aquellas pequeñas cosas buenas que me pasaban cada día. Algunos días las listas eran cortas, pero, con la práctica, conseguí listas más largas.

Esto me ayudaba a empezar el día con algo más de optimismo, y con la curiosidad de saber qué de bueno me traería el nuevo día.

Iniciaba la sesión matutina respirando conscientemente. Me rodeaba de imágenes que me transmitieran el estado de ánimo que necesitaba. Por aquel entonces, me sentía especialmente en paz y de buen ánimo con la compañía de una figurita de Buda; su expresión de paz y su mirada profunda me hacían entrar fácilmente en un estado óptimo.

Anotaba alguna parte de mis sueños de esa noche, la que más me hubiera llamado la atención, no para buscarle significado, sino para retener esas imágenes y sensaciones, de forma que pudiera evocarlas fácilmente después.

También hacía listas de cosas en las que quería mejorar, pequeños retos diarios que me ayudaran a vencer mis limitaciones, como por ejemplo, superar la timidez.

Tras la comida de mediodía también efectuaba una meditación. Comenzaba centrándome en la respiración y liberando así mi mente. Visualizaba a un Buda precioso, de mirada compasiva, o también imaginaba a mi hermano fallecido enviándome su amor y comprensión. Me sentía amado por ellos a pesar de mis múltiples defectos, un amor libre de juicios, un amor paciente que sabía que, en el fondo de mi ser, existía la sabiduría, el amor, la paz y la compasión, independientemente de que mis actos erróneos mostraran una gran dosis de ignorancia, egoísmo e intolerancia.

Cuando me sentía en el máximo punto de emoción y agradecimiento por ese amor incondicional que miraba dentro de mí sin juzgarme, sabiendo que en realidad atesoraba cualidades latentes, procuraba pensar en los demás, las personas que me rodeaban, tratando de extender a ellos ese amor que no juzga, de forma que penetrara en mí la idea de que, así como yo fallaba pero necesitaba sentirme amado, también los demás necesitaban ese amor que reconocía su valioso interior, independientemente de que sus acciones pareciesen contradecir sus virtudes latentes.

Es una práctica que me ha reportado tantos beneficios que no puedo simplemente enumerarlos y catalogarlos. Amarse a uno mismo, saberse merecedor de amor y necesitado de consuelo, a pesar de lo mucho que nos equivoquemos, nos da mucha fuerza y comprensión para entender que los demás también necesitan ser amados, y que debemos, así como lo queremos para nosotros, darles la oportunidad de crecer y mostrar su belleza interior.

Dicho así, parece que todo fuese como la seda, pero aparte de la incomodidad que me suscitaba el hecho de tener que contemplar mis defectos y limitaciones, también ocurría que, de vez en cuando, las sesiones de meditación tras la comida, acababan en una práctica que no me costaba nada perfeccionar, a la que denominé «Yoga Ibérico», y que consistía en una larga siesta.

Para las noches, una vez estaba ya acomodado en la cama, tenía reservada otra tanda de ejercicios. Muchas veces me costaba dormir, porque tenía una idea en la cabeza, una preocupación o simplemente generaba expectativas. La práctica que me ayudó a desprenderme de estos obstáculos y poder descansar, fue la de escribir dichos pensamientos en una libretita. También anotaba en ella los resultados de mis ejercicios, dejando constancia de si había conseguido o no mis objetivos y en qué medida. Apuntaba también las cosas buenas y malas que había hecho durante el día, procurando tener siempre un mayor número de acciones positivas que negativas.

Como debido a mi trabajo tenía cambios de turno que me impedían ir a dormir siempre a la misma hora —cosa harto aconsejable para conseguir un buen descanso—, tenía ciertas dificultades para conciliar el sueño. Un hábito que me ayudó mucho fue repasar en mi libreta las partes de mi sueño de la noche anterior que ya había anotado por la mañana. El hecho de evocar esas imágenes y sensaciones, a la par que procuraba tomar conscientemente las posturas y gestos que adoptaba cuando dormía, me ayudaron mucho a poder conciliar el sueño.

También utilizaba un *gatha* o verso budista que extraje del capítulo «La conducta pura» del Sutra de Hau-Yen:

Cuando es hora de retirarse a dormir
juro con todos los seres
encontrar un retiro pacífico
y un corazón que no esté perturbado.

Quiero trasladar aquí, además, una práctica budista que me aportó consuelo y fuerza para seguir adelante en el camino del autoliderazgo: La recitación de la oración diaria de la Nava Puja.

Para dicha recitación, buscaba un lugar acogedor en casa, ponía un poco de música relajante. Además, me sentaba cómodamente en posición de semiloto, o lo que es lo mismo, al modo indio, y unía las palmas de mis manos a la altura del pecho en una posición que los practicantes de ciertas doctrinas o disciplinas orientales llaman *gassho*.

RECITACIÓN UNO
Invocación a la virtud

1.- Si hoy, o en días pasados, otros han errado con el cuerpo, la palabra o la mente, causándome daño, en pequeña o en gran medida, ya sea por malicia o falta de tacto, aquí y ahora, delante del Buda, los perdono dejando de lado todo rencor.

Perdono, evocando cuán frecuentemente he cometido faltas.

Perdono, admitiendo con qué rapidez me ofendo, esperando que mis faltas sean absueltas.

Perdono, sabiendo que la mala voluntad me puede ocasionar a mí mismo más daño que el que pueden hacerme los demás.

Perdono, resolviendo no hablar mal del prójimo.

Perdono, conociendo que el deseo de venganza inquieta y agita los estados de ánimo.

Perdono, porque esta es la forma en que el amor y el desapego florecen en el corazón.

Perdono, sabiendo que, como yo, los demás aún arden de codicia, odio e ilusión.

Ojalá que mi indulgencia ayude a los demás a perdonarme.

Ojalá que mi tolerancia alimente el desapego y la bondad, ayudando al corazón a liberarse.

2.- Si hoy, o en días pasados, he errado con el cuerpo, la palabra y la mente, causando daño, en pequeña o en gran medida, ya sea por malicia o falta de tacto, aquí y ahora delante del Buda, admito mis transgresiones y solicito ser perdonado.

Pido perdón, sin ocultar mis faltas ni tratando de buscar excusas.

Pido perdón, sabiendo lo poco que tengo que quejarme cuando los demás me causaron daño.

Pido perdón, anhelando que mis malos ejemplos no lleven a otros a equivocarse.

Pido perdón, arrepintiéndome sinceramente y prometiendo rectificar mi conducta.

Pido perdón, resolviendo, en lo sucesivo, autocontrolarme.

Ojalá que todos los seres se liberen del deseo de venganza.

Ojalá que todos los seres sean perdonados por sus faltas.

Ojalá que mis errores sean siempre pequeños y fáciles de reparar.

3.- Si hoy, o en días pasados, he hecho el bien con el cuerpo, la palabra o la mente, favoreciendo a los demás, en pequeña o en gran medida, a través del deseo o de mis actos, aquí y ahora, evoco esos actos para regocijo de mi corazón.

Me regocijo en mis buenos actos, resolviendo no compararlos con los de otros, ni hablar en mi favor.

Me regocijo de mis buenos actos, para que esta actitud purifique mi corazón.

Me regocijo de mis buenos actos, anhelando que ellos despierten en los demás el deseo de practicar el bien.

Ojalá que mis buenos actos liberen a los demás.

Ojalá que mis buenos actos me protejan del dolor y del mal.

Ojalá que mis buenos actos, y el mérito que emana de ellos, me ayuden a liberar el corazón.

4.- Si hoy, o en días pasados, hubiese visto u oído acerca de los buenos actos llevados a cabo por otros, con el cuerpo, la palabra o la mente, en pequeña o en gran medida, ya sea para beneficio mío o de los demás, aquí y ahora, delante del Buda, evoco esos actos para regocijo de mi corazón.

Me regocijo por los buenos actos ajenos, deseando que ellos, aun involuntariamente, no provoquen ningún daño.

Me regocijo por los buenos actos ajenos, alabándolos y tratando de seguir el ejemplo.

Me regocijo por los buenos actos ajenos, viendo que en un mundo egoísta aún existe la nobleza.

Me regocijo por los buenos actos ajenos, expresando gratitud por toda la gentileza que encierran.

Me regocijo por los buenos actos ajenos, para que ese sentimiento purifique mi corazón.

Ojalá que los buenos actos ajenos nunca despierten el celo, el rencor o la envidia.

Ojalá que todos los buenos actos ajenos fomenten la gratitud y el interés por los demás.

Ojalá que los buenos actos ajenos nutran en mí la bondad y me ayuden a liberar el corazón.

RECITACIÓN DOS
Invocación a la generosidad

¿Me he negado a compartir lo que disfruto en abundancia? ¿He engrosado mis bienes sin pensar en los demás? Aquí y ahora, delante del Buda, resuelvo ser generoso.

Daré, pero no lo que pueda ser dañino para los demás, aunque me sea solicitado.

Daré, pero no sólo a quienes aprecio, sino también a los desconocidos y aun a los que me son hostiles.

Daré, estando atento a las necesidades ajenas, sin esperar a que me lo pidan.

Daré, humildemente, sin esperar reconocimiento.

Daré, y dejaré que otros también sean generosos conmigo.

Daré, sin dejar que segundas intenciones oscurezcan mi caridad.

Daré, sabiendo que la dádiva fomenta la renuncia.

Ojalá que mi generosidad reconforte a los infelices.

Ojalá que mi generosidad disuelva los odios y el apego, ayudando a liberar el corazón.

RECITACIÓN TRES
Invocación a la amistad

¿Le he fallado a un amigo? ¿He sido —a través del cuerpo, la palabra o la mente— hostil, indiferente o rudo hacia los demás? ¿He buscado sacar ventaja de otros, sin reparar en la relación que tengo con ellos?

Aquí y ahora, delante del Buda, resuelvo ser un verdadero amigo de todo el mundo.

Como amigo, ayudaré al necesitado, aconsejaré al desorientado y consolaré al solitario.

Como amigo, jamás usaré confidencias ajenas en mi favor o contra otros.

Como amigo, no abandonaré al tonto o al malvado, porque si no ¿quién será el que los guíe?

Como amigo, olvidaré la ingratitud y la desconfianza, y seguiré ofreciéndome.

Como amigo, fomentando la concordia, hablaré siempre de las virtudes ajenas, pero nunca de sus faltas.

Como amigo, recordaré cuándo me han favorecido, pero no cuándo me perjudicaron.

Ojalá que mi amistad me traiga sentimientos recíprocos.

Ojalá que mi amistad me proteja de la ira y de la agresión.

Ojalá que mi amistad crezca en amor y compasión y me ayude a liberar el corazón.

RECITACIÓN CUATRO
Invocación a la paz

Estoy sentado delante del Buda y sé que él alcanzó la paz considerando como vacío a todos los agregados. Me inspiran su quietud y su compasión, porque veo que aquellos que se rebelan ante la injusticia, que se desesperan ante la tragedia, que hoy están exaltados y mañana deprimidos, pronto quedan agotados.

Pero aquellos cuya mente está siempre serena y no abandonan la paz, atesoran una gran energía. Ellos, como el Buda, son islas en un mar de agitación; refugios para todos los seres.

Procuraré la paz y la quietud, evitando el griterío, el ruido y la disputa.

Procuraré restituir la armonía entre aquellos que están riñendo.

Procuraré hablar sin rudeza, no agresividad, pronunciando siempre palabras amables y verdaderas.

Procuraré conciliar, tratando de no ser una fuente de conflictos para los demás.

Ojalá que todos los que viven alborotados encuentren la paz que anhelan.

Ojalá que pueda desprenderme de los vicios que me agitan.

Ojalá que la paz consiga liberar mi corazón.

RECITACIÓN CINCO
Invocación a las bendiciones

En la infinita variedad de los estados de la existencia, tuve el raro privilegio de haber nacido como un ser humano.

Son muchos los que no pueden hablar u oír; los que no pueden leer, razonar o evaluar, mientras que yo he nacido con todas las facultades intactas.

Son muchos los que viven en zonas conflictivas, privados de seguridad, mientras que yo he nacido en una tierra tranquila.

Son muchos los que no son dueños de sus cuerpos ni de sus mentes, mientras que yo gozo de amplias libertades.

Son muchos los que habitan en regiones donde no brilla el *dharma* o donde su mensaje no llega para aventar las creencias perniciosas, mientras que yo he oído y entendido la Ley del Buda.

Mi condición humana es verdaderamente preciosa y son inmensas las bendiciones que disfruto. Aquí y ahora, delante del Buda, reconozco mi buena fortuna y resuelvo aprovechar esta rarísima oportunidad para mi propio beneficio y el de los demás.

RECITACIÓN SEIS
Invocación a la muerte

Estoy aquí, sentado frente al Buda, y pienso que él y todos los que le conocieron están ahora muertos. Desde su desaparición, innumerables seres llegaron, usaron su tiempo y se fueron. Sólo recordamos sus nombres y los actos de unos pocos.

Sus muchos dolores y deleites, victorias y derrotas, son hoy —como ellos— meras sombras. Y así será con todos los que conozco. El tiempo convierte en fantasmas todas las preocupaciones que me ahogan, las incertidumbres que me acosan y todos los placeres que persigo. Por lo tanto, contemplaré la realidad de mi propia muerte para poder entender lo que es verdaderamente valioso en la vida.

Porque mi muerte puede llegar pronto, pagaré todas mis deudas, perdonaré todas las injurias y no tendré diferencias con nadie.

Porque mi muerte puede llegar pronto, no malgastaré mi tiempo repasando viejos errores, sino que utilizaré cada día como si fuese el último.

Porque mi muerte puede llegar pronto, prefiero purificar mi mente antes que acicalar mi cuerpo.

Porque mi muerte puede llegar pronto y separarme de los que amo, desarrollaré el desapego y la compasión antes que la posesividad y el interés.

Porque mi muerte puede llegar pronto, usaré cada día íntegramente, sin desperdiciarlos en objetivos infructuosos o en anhelos vanos.

Ojalá que esté preparado cuando me llegue la muerte.
Ojalá que no tenga temor cuando se desvanezca la vida.
Ojalá que mi desapego me permita liberar el corazón.

La recitación diaria de estas palabras llenas de sabiduría se convirtieron en una tabla en la que cual me mantuve a flote en el mar de agitación de mi mente incontrolada. Poco a poco, el mensaje me fue calando y encontré consuelo, esperanza y motivación para ir adelante y ser, no el mejor, pero sí mejor de lo que nunca había sido.

Algunas noches llegaba tarde a casa, había salido por ahí a tomar algo o me había entretenido demasiado viendo una película. En algunas ocasiones, la tentación de no hacer la recitación me seducía. He de decir que, cuando uno decide saltarse la disciplina, por pereza, el malestar no te deja descansar correctamente. Nadie te obliga, más allá de tu compromiso personal, pero recomiendo encarecidamente no cesar en la recitación y en las prácticas hasta haber alcanzado los objetivos que nos habíamos marcado.

Una vez alcanzados estos objetivos abandona las prácticas que se hayan convertido en repetitivas o ineficaces y busca otras nuevas.

El poder personal que nace de la autodisciplina es enorme.

Algunos de sus beneficios son: ausencia de miedo, ausencia de paralización; claridad de ideas. Paz interior.

Disminución del estrés y la ansiedad. Conductas constructivas. Empatía. Autocontrol. Capacidad para conseguir metas. Felicidad.

Una vez escuché una historia que hizo que mis convicciones se asentaran aún más profundamente.

Se trataba de un episodio durante una guerra de conquista en un lejano país del misterioso oriente.

Un general, al mando de sus hordas guerreras había saqueado y conquistado varias poblaciones, pasando a cuchillo a todo el que no hubiera huido antes de que ellos llegaran. Era tal su fama de carnicero y despiadado que en todas las poblaciones habían tomado la precaución de poner vigías para controlar la posible llegada de este cruel ejército.

Había en una población un pequeño monasterio donde los monjes se dedicaban a practicar la enseñanza de Buda y practicar para entregar sus méritos a la felicidad de todos los seres sensibles. En dicho monasterio el abad era un antiguo guerrero que, tras muchos años protegiendo su país mediante las armas, había decidido recluirse en un monasterio para proteger la vida; para salvar a los demás con otro tipo de prácticas: la de la compasión y la meditación. Llevaba muchos años allí recluido y enseñando a sus novicios y monjes. Cuando los vigías de la población dieron la voz de alarma por la invasión.

Toda la población decidió recoger sus enseres más básicos para la supervivencia y abandonar el pueblo, dejando vía libre al general sanguinario y a sus secuaces.

En el monasterio, también empezaron a huir, tratando de llevarse las imágenes más veneradas de Buda. En estos menesteres, las hordas llegaron. Los monjes abandonaron despavoridos el monasterio mientras las hordas descabalgaban, dejando a su suerte las reliquias y los textos sagrados.

Los soldados empezaron a entrar en el monasterio sabiendo que muchas de las imágenes sagradas eran de oro macizo. Se retorcían las manos pensando en los tesoros que encontrarían y de cómo éstos les harían conseguir mucho dinero.

Al entrar los primeros soldados encontraron al viejo abad ante la imperturbable mirada de Buda, meditando y recitando sus mantras.

Las huestes no estaban acostumbradas a ver que alguien no huía, y como suele ser propio de los sanguinarios ignorantes, tuvieron miedo por si dicho viejo era un hombre santo, así que salieron a buscar a su general, para informarle de la situación.

El general era un hombre curtido e inmisericorde que escupió su risa desdeñosa y dijo:

—Apartaos, cobardes. Yo entraré por el anciano.

Y así hizo: con paso firme se dirigió al interior del monasterio, haciendo sonar sus armas a cada paso. Al punto se encontró con el anciano abad.

—¡Estúpido! —espetó el general— ¿Cómo no has huido cuando aún estabas a tiempo de salvar tu miserable vida?, ¿acaso no ves que estás ante un hombre que puede traspasarte con su espada sin siquiera pestañear?

—¿Y acaso tú no ves, hermano, que estás ante un hombre que puede ser traspasado por tu espada sin siquiera pestañear?

Al escuchar esta historia sentí que algo en mi interior se rompía: ¿Así que no es simplemente cuestión de ser capaz de matar a tus enemigos?, ¿así que es posible quitarles el poder a los malvados, no sólo siendo capaz de matarlos, sino retirándoles la única arma que de verdad poseen: el miedo?

Si estoy en paz, si estás en paz, nadie puede arrebatarte tu conquista. Porque, por lo que he entendido, no está el poder en destruir, sino en eliminar el miedo a ser destruido. Los enemigos, los que te quieren mal y se nutren de tu fastidio o de tu temor, te tienen en sus garras cuando tú les otorgas lo único que necesitan, un espacio en tu mente y en tus emociones para sentir pavor u odio por lo que te hacen.

Llegados al punto en el que los enemigos asaltan tu castillo, tu personalidad, tu identidad y tu vida, si éste es una fortaleza inexpugnable, sencillamente no podrán traspasar las barreras.

Los objetos pueden ser destruidos, las piedras caer, los muros desplomarse. Pueden ser rellenados los fosos y pueden ser horadadas tus defensas..., pero nadie puede entrar en tu mente si tú no quieres.

El intenso entrenamiento hará de nuestras mentes castillos inamovibles. La compasión y la comprensión de que somos dueños de nosotros mismos impedirán a quienquiera conquistar nuestra plaza.

Qué aprendizaje más feliz.

Epílogo

SÉ QUE NO HAY ATAJOS para llegar a ningún lugar al que merezca la pena ir. Sé que el camino es duro, porque te enfrenta directamente a esa parte de ti, que solemos proyectar en los demás, creyendo que con ello conjuramos nuestras miserias. Pero sé —y estoy seguro—, que tenemos en nuestro interior un potencial de amor y paz: un oasis para los sedientos.

Sé que nacer no es el final, sino el principio (por mucho que después nos empeñemos en actuar como zombis y caer presos de la estimulación sensorial alienante del sistema).

Sé y creo que podemos alcanzar cotas estables de felicidad y satisfacción personal, por mucho que siempre hayan días en los que podamos sucumbir a una tristeza inexplicada.

Creo que la nostalgia, en su medida, crea bellezas lingüísticas, historias para emocionar a otros. Y creo que huir siempre de una cierta melancolía nos convierte en seres inhumanos: en máquinas imprecisas. Intuyo que nuestras oraciones serán exiguas si nos empeñamos en vivir la vida del rebaño.

Sé que respirar hondo y dejar rodar lágrimas por nuestro rostro crea salados surcos de alivio. Me enamora la idea de mirar al cielo y sus millones de estrellas y preguntarme humildemente: ¿quién me creo que soy como para creer que mi dolor es el único y más importante?

Y creo que el fuego que se enciende en nuestros corazones, más allá del pensamiento, cuando miramos una flor al borde del precipicio, cuando nos extasiamos con su belleza, es el fuego que nos hace agradecer haber tenido la oportunidad de pasar por esta hermosa Tierra; a pesar de los malos, de los terroristas, de los políticos corruptos, de los ambiciosos banqueros inhumanos —terroristas ellos también—: entidades enfermas que absorben nuestra ambición, y mediante el miedo, nos paralizan cual insecto en telaraña.

Creo, y sé, que somos substancialmente libres, porque podemos decidir cómo sentirnos en líneas generales.

Así que: démonos la libertad para llorar una pérdida, pero no demasiado tiempo. Otorguémonos la disculpa para sentir miedo y mareo por el camino que hay que recorrer enfrentándonos a nuestros cíclopes y a nuestra Circe, aquellas pasiones que nos seducen y nos detienen durante algún tiempo en el reino de lo efímero e insustancial.

Pero busquemos incesantemente el camino al corazón, el trono de nuestras sensaciones, para descubrir al llegar a él, citando a los sabios, que tú —y no tu reflejo en un espejo deformado—, que tú eres el Buda.

Es importante para mí enfocarme en algo importante. Cualquier enseñanza, si está basada en el sentido común y en la premisa de no dañar, es positiva. Pero las enseñanzas, sobre todo en un libro, no son más que palabras; aunque pueden indicarte el camino, abrirte la mente y ayudarte a limpiar la lente con el que miras al mundo. Un libro es un impulsor, un motivador, un compañero que te ayuda a descubrir nuevas coordenadas.

Pero nada puede compararse a la experiencia directa. Pueden explicarte muchas veces cómo es un orgasmo, pero por muchos datos que te den, jamás sabrás lo que es en realidad si no lo experimentas tú.

Hay una historia muy bonita sobre esto:

En un monasterio zen, los alumnos y el maestro estaban hablando sobre las enseñanzas de Buda. En un momento dado, uno de los alumnos le dijo al maestro que siempre les dejaba sin respuestas concretas y definitivas. «Tú cuentas las historias, pero nunca nos dicen qué enseñanza extraer de ellas».

El maestro miró sonriente a su alumno:

—Perdóname, hijo mío. Estoy viejo y tal vez me he vuelto insensible y descuidado. Quizá me he creído importante y no he sabido ser lo suficientemente humilde. Déjame que te regale una manzana para resarcirte —dijo el maestro.

—Claro, maestro —respondió el alumno.

—Pero, por favor. Déjame que la pele para ti. Es lo menos que puedo hacer.

—Naturalmente, maestro. Si eso hace que se sienta mejor...

—Por favor —dijo el maestro mientras pelaba la fruta—, permíteme que la corte en trocitos para que puedas comerla sin tener que morderla. Así, tal vez, expiaré mi karma por mi acción desconsiderada.

—Gracias, maestro, no es necesario, pero no puedo limitar su generosidad —respondió el alumno algo confundido a estas alturas.

—No hay de qué. Por cierto que me gustaría masticarla para ti, a fin de que no necesites hacer tal labor y puedas tragarla...

—¡No!, ¡de ninguna manera! —respondió el alumno escandalizado—. Hágame el favor de dármela como está.

—Pues disculpa mi ignorancia pero, ¿no era eso lo que me estabas pidiendo antes?

Aquí termina este recorrido por los Ocho Senderos. Éste es un camino que me ha ayudado a sentirme feliz, teniendo un propósito claro.

No escapará a nadie que me queda mucho trabajo por hacer, probablemente a ti también, querido lector, pero tenemos la alegría y la esperanza de pisar el territorio de nuestros sueños.

Nadie tiene una verdad absoluta: yo tampoco. Aquí te dejo varios pedazos de mi vida con la esperanza de que te ayuden.

Siéntete abrazado. Siente mi afecto, que es el afecto de una persona imperfecta que sigue procurando recorrer el camino trazado con las más bellas intenciones y coordenadas.

Tal vez nos veamos mañana, tú y yo, en cualquier lugar. No dudes en saludarme. No dudes en escribirme. Estaré ahí, a tu lado, porque tú y yo, hermano, somos compañeros de camino.

Ad astra per aspera...

Índice